MARK MURPHY

METAS QUE DESAFIAM

A CIÊNCIA DOS FEITOS EXTRAORDINÁRIOS

O SEGREDO DE SAIR DE ONDE
VOCÊ ESTÁ PARA CHEGAR
AONDE VOCÊ QUER ESTAR

Tradução: Henrique Monteiro

CLIO
EDITORA

Título original: *Workarounds that work*

Dados Internacionais de Catalogação na Publicação (CIP)
(Câmara Brasileira do Livro, SP, Brasil)

Murphy, Mark
Metas que desafiam : a ciência dos feitos extraordinários / Mark Murphy ;
tradução Henrique Monteiro. -- São Paulo : Clio Editora, 2012.

Título original: Hard goals.
ISBN 978-85-7831-117-9

1. Empregados - Motivação 2. Metas (Psicologia) 3. Metas na gestão de pessoal
4. Motivação (Psicologia) 5. Motivação para a realização I. Título.

12-10351 CDD-153.8

Índice para catálogo sistemático:
1. Metas : Psicologia 153.8

978-85-7831-117-9
Preparação e revisão: Entreletras e Vânia Cobiaco
Diagramação: Herbert Junior / NewUsina
Capa: Ana Dobón

CLIO EDITORA
Rua Gomes de Carvalho, 1.467 – Vila Olímpia
04547-005 – São Paulo – SP
E-mail: clioeditora@clioeditora.com.br
www.clioeditora.com.br

Para Andrea, Isabella e Andrew

Sumário

Agradecimentos

Eu odeio ser clichê, mas realmente devo agradecer a muitas pessoas pelas contribuições prestadas a este livro. Minha equipe de várias dezenas de pesquisadores e treinadores e nossas centenas de clientes fantásticos merecem um agradecimento especial. Este livro e as pesquisas por trás dele não existiriam sem os esforços de todas essas pessoas.

Também gostaria de destacar algumas pessoas que prestaram contribuições especiais para este livro em particular.

Andrea Burgio-Murphy, Ph.D., é uma psicóloga clínica de nível mundial, minha esposa e parceira de toda vida, e meu quadro de visões criativas. Desde que começamos a namorar, no colegial, todo dia aprendo alguma coisa nova com ela. Minha evolução pessoal e profissional deve tudo a ela.

Lyn Adler é uma escritora excepcional que trabalha comigo há anos. Com a ajuda de Lyn, foi possível destilar as montanhas de pesquisas e entrevistas para realizar esta contribuição para a ciência das metas.

Nicole Jordan, uma de minhas vice-presidentes, assumiu atribuições especiais, ocupando minhas funções enquanto eu me encontrava imerso na redação deste livro. As atribuições eram difíceis e o desempenho dela foi excelente.

Corey Laderberg, Sarah Kersting, Kelly Love e Jim Young, todos integrantes da equipe da Leadership IQ, merecem um agradecimento especial por seu esforço extra para ajudar a tornar este livro possível.

Dennis Hoffman é um CEO extraordinário e empresário cuja amizade e conselhos têm melhorado significativamente meus livros, incluindo *Metas que desafiam*. John Sheehan é um grande amigo e a mente mais inteligente que conheço, suas ideias sempre melhoraram a qualidade de minhas pesquisas. Elaine L'Esperance, Anthony Nievera,

Phil Rubin, Sue Hrib, Dave Brautigan, Kevin Andrews, Ned Fitch e Tom Silvestrini são todos executivos bem-sucedidos, que ajudaram a moldar meu pensamento sobre o conceito de metas que desafiam.

Mary Glenn, editora sênior da McGraw-Hill, merece um agradecimento muito especial, por reconhecer a necessidade deste livro e ter tornado o processo rápido e suave. Depois de trabalhar com Mary e a equipe da McGraw-Hill, ficou muito claro para mim por que os melhores pensadores trabalham com eles.

PARA MAIS INFORMAÇÕES

Você pode encontrar mais fontes de informações para baixar gratuitamente, incluindo questionários e guias de discussão, no *site* sobre este livro (em inglês): www.hardgoals.com.

Introdução

METAS QUE DESAFIAM – A CIÊNCIA DOS FEITOS EXTRAORDINÁRIOS

Sei uma coisa a seu respeito: você quer fazer algo realmente significativo na vida. Se quer dobrar o tamanho de sua empresa, perder dez quilos, correr uma maratona, progredir na carreira ou transformar o planeta, você quer fazer algo grande e significativo na vida. Quer controlar seu próprio destino e saber que sua vida tem um propósito profundo.

Sei disso a seu respeito porque você está lendo este livro. Algumas pessoas têm receio deste livro; não querem grandes metas ou grandes realizações. Elas só querem passar os anos e não se importam muito se nunca sentirem o gosto da grandeza, o mínimo que seja. Você, contudo, não é assim; você é a razão de eu ter escrito este livro.

Com todos os desafios e as oportunidades com que deparamos em nossa empresa, em nossa família, em nossa carreira, em nossa vida pessoal e até mesmo em nosso país, nada mais útil do que realizarmos grandes feitos. Mas de onde é que vêm esses grandes feitos? Por que algumas pessoas conseguem tanto, ao passo que outras ficam falando sozinhas? Bem, para encontrar a resposta, podemos observar alguns empreendedores reais, em diversos ramos de atividade.

Existe a mulher que trabalha e é capaz de perder dez quilos (e consegue manter essa forma), sendo promovida à diretoria da empresa e também encontrando tempo para comparecer a todos os grandes eventos da escola dos filhos – e que além de tudo está se preparando para correr sua quarta maratona este ano. Existe o sujeito que consegue guardar US$ 2 milhões no banco com um salário de professor. Também sei de um empresário que abriu uma empresa durante uma das piores recessões de todos os tempos e aumentou suas vendas em 1.200% no primeiro ano. E, é claro, existem CEOs famosos, como Steve Jobs e Jeff Bezos, o tipo de pessoa que nos deixa admirado com os produtos surpreendentes e inovadores que nunca para de criar.

Será que esses hiper-realizadores são apenas mais motivados? Ou são mais disciplinados? A resposta a ambas as perguntas é "sim", mas não da forma como você imagina. O que essas pessoas têm – o que toda pessoa que experimentou a grandeza em todos os tempos tem – são metas que desafiam.

EXISTE UMA META PARA ISSO

O que são metas que desafiam? A resposta curta é que metas que desafiam são metas que são sinceras, animadas, necessárias e difíceis.[1] Essa, porém, não é realmente uma resposta; então, deixe-me explicar.

Suas metas são uma das poucas coisas que você realmente controla neste mundo; você pode configurá-las para atingir praticamente qualquer coisa que seja capaz de imaginar. Parafraseando o famoso lema da Apple: "Se você quer perder peso: há uma meta para isso. Se você quer dobrar o faturamento da sua empresa: há uma meta para isso. Se você quer melhorar suas finanças pessoais: há uma meta para isso. Se você quer reformar o sistema financeiro mundial, evitar vazamentos de petróleo, reduzir déficits e acelerar as economias do mundo: existem metas para todas essas coisas também".

De maneira muito parecida com aquela como iPhone nos fez repensar o telefone, no entanto, assim também as metas que desafiam nos fazem repensar as metas. Essas metas não são como suas metas típicas. Na verdade, as metas extraordinárias são tão diferentes das metas da pessoa comum que é quase um crime usar a palavra "meta" para caracterizar as duas. Os tipos de metas que levam a iPads, maratonas, independência financeira e perda de peso estimulam o cérebro de

[1] No original em inglês, o autor criou um acronômio *HARD* (***H**eartfelt*, ***A**nimated*, ***R**equired*, ***D**ifficult*) com que batizou a sua teoria de metas: "*Hard Goals*" – aqui traduzida como "metas que desafiam". (N.T.)

maneiras profundamente diferentes das metas estabelecidas pela maioria das pessoas. Em quase todos os casos em que se alcança a grandeza, é a meta que suscita a motivação e a disciplina – não o contrário.

TRATA-SE DE MAIS DO QUE SIMPLESMENTE TER METAS

Quase todo mundo já estabeleceu uma meta ou duas na vida. Anualmente, mais de 50% das pessoas fazem resoluções de Ano-novo para perder peso, parar de fumar, exercitar-se, poupar dinheiro e assim por diante. A maioria dos funcionários que trabalham em grandes empresas participa de algum tipo de processo anual de estabelecimento de metas corporativas e individuais. Praticamente todo executivo de empresa tem metas formais, indicadores de desempenho, visões e coisas parecidas. E quem entre nós não fantasiou ter mais dinheiro, um corpo melhor, mais sucesso no trabalho, uma casa mais requintada e assim por diante? Tudo isso são metas.

Apesar da onipresença das metas, no entanto, muitos de nós nunca conseguem alcançar aquilo que estabeleceram. E as metas que realizamos muitas vezes ficam muito aquém do extraordinário.

Minha empresa, a Leadership IQ, recentemente estudou 4.182 profissionais de praticamente todos os setores de atividades para aprender sobre suas metas no trabalho. O que descobrimos poderia não chocá-lo, mas, provavelmente, o deixaria consternado e perturbado: apenas 15% das pessoas acreditavam que suas metas para o ano corrente as ajudariam a realizar grandes feitos. E apenas 13% pensavam que suas metas as ajudariam a maximizar seu potencial.

Como pode ser uma coisa dessas? Existem inúmeros livros de autoajuda nos dizendo que, se colocarmos nossas metas por escrito no papel, nossos sonhos se tornarão realidade. As empresas têm sistemas formais de estabelecimento de metas, como o dos objetivos SMART[2],

[2] Smart é o acrônimo em inglês de ***s**pecific*, ***m**easurable*, ***a**ttainable*, ***r**ealistic* e ***t**imely*, na classificação dos objetivos em, respectivamente, específicos, mensuráveis, atingíveis, realistas e com prazos de validade. (N.T.)

para ajudar os funcionários a desenvolver e acompanhar suas metas. E ainda temos as resoluções de Ano-Novo, praticamente uma instituição mundial. Não há escassez de metas neste mundo. Então, por que todos nós não realizamos plenamente o que prometemos todos os dias? A resposta curta é que a maioria de nossas metas não vale o papel em que está impressa (ou os pixels que a exibem).

O QUE TERIAM EM COMUM STEVE JOBS E UMA CRIANÇA DE TRÊS ANOS?

Deixe-me mostrar a inadequação de nossas metas por meio de uma pergunta estranha: o que teriam em comum Steve Jobs e uma criança de três anos de idade? Eu sei, é uma pergunta bizarra e à primeira vista não parece que tenham algo em comum. Mas, aprofundando-nos um pouco mais, verificamos que as metas de ambos são bastante semelhantes. Ah, é claro, Steve Jobs quis reinventar setores inteiros com seu iPad, seu iPhone e iO-que-quer-que-fosse, e uma criança de três anos de idade provavelmente só quer o biscoito que se encontra em cima do balcão. Mentalmente, contudo, os dois estariam aplicando sistemas muito semelhantes e canalizando (e ampliando) o pleno potencial de seus cérebros.

Em primeiro lugar, suas metas são sinceras. Nessa perspectiva, Steve Jobs e a criança estão profunda e emocionalmente vinculados a suas metas. O que ambos querem atende a uma necessidade existencial. Steve declarou que o iPad foi o trabalho mais importante que fez na vida; exatamente como a criança de três anos se sente em relação a pegar o biscoito de cima do balcão. Tanto o iPad quanto o biscoito representam um nível de propósito e significado de que é impossível se livrar.

Em segundo lugar, as metas de ambos são animadas. Durante o processo, podemos considerar imagens animadas e vigorosas dançando na mente dos dois. Steve Jobs não escreveu um número em uma planilha e disse: "657.000 iPads vendidos, esta é minha meta". Ele viu um filme na cabeça mostrando as pessoas folheando jornais, lendo livros, assistindo a filmes e muito mais – tudo com seu maravilhoso tablet. Ele viu como seria o dispositivo e como as pessoas iriam usá--lo, até a reação emocional que as pessoas teriam quando tivessem de experimentá-lo pela primeira vez – exatamente como a criança de três anos de idade tem um vislumbre distante daquele disco redondo maravilhoso com sua deliciosa estrutura cristalina de açúcar brilhando sob a luz. A criança não sabe descrever exatamente como seria seu gosto (seu vocabulário ainda não se desenvolveu a esse ponto), mas pode imaginar como vai se sentir feliz com aquele círculo de doçura na boca. Até atingir sua meta e aquele biscoito ser seu, todo o universo gira em torno dessa imagem em sua mente.

Em terceiro lugar, as metas de ambos são necessárias. Os dois simplesmente devem realizar essas metas, ou seus respectivos mundos chegarão ao fim – sua sobrevivência depende de atingir essas metas. Há rumores de que Steve Jobs estivesse trabalhando no iPad enquanto se recuperava de um transplante de fígado. E qualquer um que tenha filhos sabe que as crianças que não conseguem o que querem verdadeiramente acreditam que o mundo está acabando.

E, finalmente, as metas de ambos são difíceis. Não existem metas pequenas, realizáveis, fáceis para esses dois. Não, eles querem entrar em um território desconhecido, seja transformando o modo de obter informações, seja aventurando-se em um ponto da cozinha que é duas vezes mais alto do que qualquer outro lugar em que já esteve antes (lembre-se, uma criança cair do balcão da cozinha é como você cair do telhado de sua casa). As duas situações são um tanto assustadoras e esses dois terão de aprender todos os tipos de habilidades para que suas metas se tornem realidade, mas ambos estão vivos e vibrando com o desafio.

Intencional ou intuitivamente, Steve e a criança estariam controlando os quatro componentes essenciais das metas extraordinárias: elas são sinceras, animadas, necessárias e difíceis. Esses são os componentes das metas que chamamos de infalíveis. Quando você está emocionalmente ligado a sua meta, quando pode ver e sentir sua meta, quando sua meta parece ser necessária à sua sobrevivência e quando a sua meta testa seus limites, seu cérebro está vivo – os neurônios literalmente iluminados de entusiasmo.

Essas são as características que distinguem os grandes realizadores de todas as outras pessoas. Não são os hábitos diários, o puro intelecto nem quantos números você é capaz de escrever em uma planilha que decidem o sucesso de sua meta; é o engajamento de seu cérebro. Quando seu cérebro está funcionando a toda velocidade com uma meta que desafia, tudo de que você precisa para assumir sua meta e fazê-la acontecer se encaixa corretamente. Quando, porém, seu cérebro está indeciso ou entediado em relação a suas metas, nem todos os rituais diários, nem toda a disciplina do mundo vão ajudá-lo a ter sucesso.

Então por que nem todos nós alcançamos nossas metas como Steve Jobs e a criança que quer o biscoito? A resposta é a seguinte: porque a maioria das pessoas define metas totalmente inadequadas e incompletas. E, infelizmente, isso muitas vezes acontece por opção. Por exemplo, muitas empresas utilizam o citado processo de estabelecimento das metas no sistema SMART, que caracteriza os objetivos em específicos, mensuráveis, atingíveis, realistas e com prazos de validade. Para começar, as metas que são "atingíveis" e "realistas" são diametralmente opostas às metas difíceis – um elemento crítico para envolver o interesse do cérebro. Steve Jobs fez carreira realizando coisas que os outros disseram que não poderiam ser feitas e, vá por mim, nenhuma meta que ele definiu passaria no teste como atingível e realista, segundo o sistema usado pela maioria das empresas.

E até mesmo um fator como "específico", que parece bom, pode sugar toda a vida de uma meta. Para a maioria das pessoas, "específico" significa transformar a meta em um número e tomar nota dele (por exemplo: quero perder uma determinada quantidade de peso – digamos, 13 quilos). A definição de "específico", porém, empalidece em comparação com as metas animadas e intensamente ilustradas de realizadores como Jobs e outros. É claro que eles consideram um número, mas sabem desde já como ficaria seu corpo com menos 13 quilos, que roupa usariam, até mesmo como se sentiriam quando deixassem de carregar esse peso. Para eles, "13 quilos" não é um conceito abstrato ou um número em um formulário – é uma visão do futuro que parece tão real como se já tivesse acontecido.

Algumas pessoas e organizações ficam tão presas a garantir que seus formulários de metas sejam preenchidos corretamente que se esquecem de responder à pergunta mais importante: "Esta meta vale a pena?". E então, se ela "vale a pena" – se é uma meta digna dos desafios e das oportunidades com que deparamos –, temos de perguntar: "Como gravamos essa meta em nossa mente, como a tornamos tão decisiva para nossa existência que, não importa quais obstáculos encontremos, não hesitaremos na busca de realizar essa meta?.

VOCÊ JÁ FEZ ISSO ANTES (E FOI MUITO BOM)

Não obstante a inadequação de muitas metas, tenho uma boa notícia: todo mundo tem a capacidade de definir o tipo de metas que gera grandeza. Como sei disso? Porque você já fez isso antes.

Pense na meta mais importante que já realizou. Talvez você tenha corrido uma maratona, ou tenha duplicado a receita de sua empresa, quem sabe tenha perdido 15 quilos ou inventado o produto mais legal de seu setor. Agora faça a si mesmo as seguintes perguntas:

- Aquela meta me desafiou e me forçou a sair de minha zona de conforto?
- Eu tinha uma profunda ligação emocional com aquela meta?
- Precisei aprender novas habilidades para realizá-la?
- Foi meu investimento pessoal naquela meta que me fez senti-la como absolutamente necessária?
- Eu seria capaz de imaginar vividamente o que seria realizar minha meta?

Sou capaz de apostar que a meta que o levou a sua maior conquista foi incrivelmente desafiadora, profundamente emocional, altamente visual e absolutamente necessária. Aposto que sua mente estava viva e agitada com a emoção provocada por essa meta. E também aposto como, depois de atingir a meta, você se sentiu mais realizado do que nunca.

Uma das descobertas mais importantes de nossa pesquisa sobre as metas é que as pessoas que estabelecem metas que desafiam sentem-se até 75%

mais realizadas e satisfeitas do que as pessoas com metas menos importantes. Por mais que pudéssemos esperar que esses hiperempreendedores estivessem realmente infelizes por dentro ("Ah, é claro, ela conseguiu tudo, mas aposto que está sofrendo por dentro"), a verdade é que essas pessoas são realmente muito mais felizes do que os colegas que realizam menos.

O MUNDO PRECISA CADA VEZ MAIS DE METAS QUE DESAFIAM

Com uma inclinação de cabeça para Burt Bacharach e Hal David*, diria que a única coisa de que há muito pouco no momento são metas que desafiam. Enquanto escrevo este livro, não há escassez de enormes desafios que enfrentamos individual e coletivamente. Estamos diante de grandes questões como terrorismo, guerras, colapso econômico, vazamentos de petróleo, corrupção, déficits, desemprego e problemas de saúde – e, ainda por cima, a maior parte das pessoas no mundo passa fome ou se tornou obesa. E enquanto tentamos enfrentar esses desafios coletivos, alguns de nós, individualmente, estão procurando emprego, pensando em correr uma maratona, tentando parar de fumar, voltar à escola, ficar saudável, progredir na carreira ou desenvolver a própria empresa e muito mais.

A pergunta resultante, portanto, é: como vamos enfrentar os grandes desafios? Será que superamos os grandes desafios com ideias, coragem, ambição e determinação ainda maiores – também conhecidos como metas que desafiam? Ou vamos fingir que os desafios a serem enfrentados não são realmente assim tão grandes? Talvez neguemos que existam, ou apenas culpemos os outros, ou damos desculpas porque não podemos enfrentá-los, ou simplesmente surtamos e nos escondemos em um canto. Ou talvez, contrariamente a todas as esperanças, esperemos que, se criarmos uma pequena meta que seja agradável e fácil, poderemos passar por isso tudo pisando de mansinho.

A única coisa que tem mantido a civilização moderna por tanto tempo é que de vez em quando aparece um líder que sabe estabelecer metas que desafiam. A meta que desafia de Abraham Lincoln no "Discurso de

Gettysburg" era fortalecer nossa vontade de lutar para que "o governo do povo, pelo povo, para o povo não pereça na terra". A meta que desafia de John F. Kennedy pedia à nação para "comprometer-se com a meta de, antes do fim da década, colocar um homem na Lua e trazê-lo em segurança de volta à Terra". A meta que desafia de Ronald Reagan cobrava: "Sr. Gorbachev, derrube esse muro!". A meta que desafia de Winston Churchill deixava claro que "qualquer que seja o preço, nós lutaremos nas praias, lutaremos nos aeroportos, lutaremos nos campos e nas ruas, lutaremos nos morros; nós nunca nos renderemos".

Preste atenção: sei que vivemos em um mundo verdadeiramente inquietante no momento. Você e eu sabemos, contudo, que a negação, a culpa, as desculpas e a ansiedade não o tornarão melhor. Precisamos aproveitar a energia deste momento, por mais assustador que isso seja, e transformá-la em grandeza. Seja para desenvolver nossa empresa, perder peso, correr uma maratona, seja para mudar o mundo, precisamos montar uma meta que desafia e colocá-la em prática da maneira mais decidida e rápida possível.

PRIMEIROS PASSOS

Portanto, para onde iremos a partir daqui? Como recuperar aquela sensação incrível das glórias passadas e criar essa mesma grandeza e felicidade aqui e agora? Em suma, como estabelecer e realizar metas que desafiam?

Veja como os capítulos se compõem.

Capítulo 1: Sinceridade

Se você não se importa com suas metas, o que irá motivá-lo a tentar alcançá-las? No Capítulo 1, você aprenderá a usar a ciência psicológica mais avançada para desenvolver vínculos profundos e sinceros com suas metas, em níveis que são intrínsecos, pessoais e extrínsecos. E aprenderá a usar essas ligações para aumentar naturalmente o poder motivacional em que poderá se basear para fazer suas metas acontecerem. Você será capaz de passar de uma sensação persistente de "realmente, preciso compreender essa meta (mas realmente não me sinto capaz de reunir a energia suficiente para fazê-la acontecer)" para "quero que essa meta prometa mais do que tudo e então nada me impedirá de fazê-la acontecer".

Capítulo 2: Animação

No Capítulo 2, você aprenderá a criar metas tão vívidas em sua mente que não alcançá-las o deixará com o desejo de realizá-las. Usando as técnicas de visualização e manipulação de imagens empregadas por algumas das maiores mentes da história (como Albert Einstein, o inventor Nikola Tesla, o físico Richard Feynman e outros mais), veremos uma série de maneiras de gravar as metas no cérebro, incluindo perspectiva, tamanho, forma, cor, partes distintas, configuração, fundo, iluminação, emoções e movimentos. Isso é coisa de gênios e agora está a sua disposição para usar também.

Capítulo 3: Necessidade

O Capítulo 3 destina-se a acabar de uma vez por todas com a procrastinação (que destrói a grande maioria das metas). Usando técnicas avançadas de novas ciências, como a economia comportamental, você aprenderá a convencer a si mesmo e aos outros da necessidade absoluta de suas metas. Você também descobrirá maneiras de tornar as recompensas futuras de suas metas parecerem muito mais satisfatórias do que o que tem hoje. Isso fará que suas metas que desafiam pareçam muito mais atraentes, aumentando sua urgência de dedicar-se a elas a partir desse exato momento.

Capítulo 4: Dificuldade

Uma grande dúvida que ocorre a qualquer que um que se disponha a estabelecer uma meta que desafia é: até que ponto o difícil é difícil o bastante? Você não vai querer que as coisas sejam tão difíceis a ponto de desistir, como também não vai querer sentir-se tão pouco motivado que deixará de tentar. No Capítulo 4, você aprenderá a ciência de estabelecer metas que sejam desafiadoras e difíceis o bastante para sensibilizar seu pessoal. Você já fez grandes coisas na vida e por isso vamos aproveitar essas experiências do passado e usá-las para prepará-lo para obter um desempenho extraordinário. Se você é alguém que estabelece metas tímidas ou exageradas, depois de ler o Capítulo 4 saberá exatamente onde se situa sua zona de conforto em relação às metas e como superá-la (e enfrentar todos os medos que surgirem ao longo do caminho), a fim de atingir os resultados excelentes que deseja.

SE SUA META FOR BOA O BASTANTE...

Vou deixá-lo com um pensamento final: em determinados círculos de negócios, tornou-se uma noção aceita que a execução é de algum modo mais importante do que a visão. Existem clichês em abundância sobre o quanto é melhor a plena implementação de uma estratégia meio formada do que a implementação pela metade de uma estratégia completamente formada. Adequando esse pensamento à linguagem deste livro, podemos dizer que algumas pessoas acreditam que implementar a meta é mais importante do que criar a meta. E, embora seja verdade que a execução e a implementação são importantes, esse pensamento deixa de considerar uma realidade absolutamente crítica: se sua meta é importante o bastante, a implementação não será um problema tão grande.

Se minha meta fosse comer mais bolo de chocolate, eu não precisaria me preocupar muito com meu plano de execução para comer bolo, porque estaria tão motivado a alcançar a meta que não haveria nenhuma maneira de atrapalhar sua implementação. Se minha meta fosse desfrutar de mais encontros amorosos com a minha esposa durante a semana, pode acreditar que não deixaria de executá-la. Se a meta for significativa o bastante, você irá executá-la.

Isso se aplica mesmo a uma meta que seja menos divertida, mas igualmente importante emocionalmente – como escrever este livro. Este livro foi escrito dentro de um período de crescimento explosivo de minha empresa (parte do qual é atribuível a meu livro anterior, *Hundred Percenters*). Forcei meus próprios limites para terminar este livro e tudo o que tinha em andamento (que diabo, eram 2 horas da manhã no momento em que escrevi esta frase). Minha vontade de redigi-lo, porém, não diminuiu nem por um segundo, porque acreditava neste livro de coração e alma (sinceridade). Era capaz de imaginar tudo vividamente, desde as pessoas lendo o livro ate o impacto que teria em suas vidas (animação). Ele era tão necessário a minha existência quanto a respiração (necessidade). E me forçou, e a todas as pessoas que trabalhavam comigo, a crescer de uma maneira nunca antes imaginada (dificuldade).

As pessoas gastam tempo demais tentando descobrir como enganar--se implementando metas medíocres. O que precisamos em lugar disso é de metas extraordinárias – metas que desafiam. Ouça o que estou dizendo: nem mesmo todos os rituais diários do mundo vão nos ajudar a alcançar a grandeza se a grande meta que estamos tentando tornar um hábito for fraca. Será que realmente achamos que Steve Jobs, Jeff Bezos ou os fundadores do Google recorriam e recorrem a pequenos truques para cumprir suas metas? (Sério, será que temos o iPad, o Kindle e o mecanismo de busca do Google porque alguém pregou um bilhete de recado na porta da geladeira?) Ou será que pensamos que eles são tão profundamente ligados ao que estão fazendo, que as metas são tão importantes e significativas para eles que serão capazes de atravessar um poço de jacarés para cumpri-las?

Assim que você abriu este livro, eu soube que estava atrás da grandeza, do sentido, do significado, e que você tem o talento e a mentalidade para realizar tudo isso. Agora, o que vou lhe oferecer neste livro são as maneiras de tornar suas metas à altura de seus dons naturais. Porque, quando seu talento encontrar uma meta que desafia, com certeza o resultado será a grandeza.

Vamos começar.

TESTE

Todo mundo adora testes, então vamos começar com um. As 12 afirmações a seguir foram criadas para ajudá-lo a avaliar a qualidade de suas metas. (Se quiser um teste mais aprofundado, visite o *site* www.hardgoals.com – em inglês.)

Para começar, pense em uma meta específica que gostaria de realizar (você poderá fazer este teste toda vez que precisar avaliar uma meta).

Para cada afirmação, atribua uma pontuação de 1 (que significa nunca) a 7 (que significa sempre). Por exemplo, se eu fosse responder a "Quando lanço uma moeda, adivinho corretamente cara ou coroa?", eu me daria uma pontuação de 4, porque adivinho corretamente "cara ou coroa" na metade das vezes (e 4 é o ponto a meio caminho entre 1 e 7).

Se fosse considerar "adoro comer couve-flor", marcaria esse item com 1, porque, bem, realmente não gosto de couve-flor (e 1 significa nunca).

E, finalmente, fique com sua primeira resposta; não pense duas vezes nas respostas.

1. Algo dentro de mim continua me empurrando para atingir essa meta, mesmo quando há obstáculos no caminho.
2. Quando penso nessa meta, sinto emoções muito fortes.
3. Mentalmente, essa meta já é minha, não pertence a meu chefe, cônjuge, médico ou qualquer outro. Mesmo que alguém inicialmente tenha me dado a ideia, ela é 100% minha agora, ela é minha de corpo e alma.
4. Minha meta está retratada de forma tão vívida em minha mente que sou capaz de dizer exatamente o que vejo, ouço e sinto no momento exato em que meu objetivo é alcançado.
5. Uso muitos recursos visuais para descrever minha meta (como imagens, fotos, desenhos ou imagens mentais).
6. Minha meta pode ser tão vividamente explicada por escrito que eu poderia, literalmente, mostrar para as outras pessoas e elas saberiam exatamente o que quero realizar.
7. Sinto um sentido de urgência tão intenso em atingir minha meta que adiá-la ou até mesmo postergá-la por um dia não seria uma opção.
8. Mesmo que todos os benefícios de realizar minha meta estejam distantes, ainda assim recebo os benefícios agora, enquanto minha busca por essa meta ainda está em processo.
9. A compensação por atingir essa meta supera de longe os custos com os quais tenho de arcar agora.

10. Vou precisar aprender novas habilidades antes de ser capaz de realizar essa meta.
11. Essa meta me força a sair de minha zona de conforto; não me sinto imobilizado de terror, mas estou definitivamente ansioso e desperto por essa meta.
12. Quando penso sobre as maiores e mais significativas realizações ao longo de minha vida, essa meta atual é tão difícil como aquelas outras.

Pontuação

Veja como calcular seus pontos no questionário.

Some seus pontos para os itens 1 a 3 (seus pontos podem ir do mínimo de 3 ao máximo de 21). Esta é sua pontuação de sinceridade.

Some seus pontos para os itens 4 a 6 (seus pontos podem ir do mínimo de 3 ao máximo de 21). Esta é sua pontuação de animação.

Some seus pontos para os itens 7 a 9 (seus pontos podem ir do mínimo de 3 ao máximo de 21). Esta é sua pontuação de necessidade.

Some seus pontos para os itens 10 a 12 (seus pontos podem ir do mínimo de 3 ao máximo de 21). Esta é sua pontuação de dificuldade.

Depois de calcular suas pontuações, você estará pronto para marcá-las. Use a grade de pontuações da página 24 e marque cada um de seus quatro níveis de pontuação (sinceridade, animação, necessidade e dificuldade). Veja a grade de exemplo na página 23 como um guia.

A maioria das pessoas é naturalmente mais inclinada a certos aspectos do estabelecimento de metas. Por exemplo, algumas se dão muito bem ao criar uma ligação sincera com suas metas, mas ficam aquém ao torná-las difíceis. Outras têm metas que são absolutamente necessárias, mas não particularmente bem animadas. Todos temos pontos fortes e fracos quando se trata de estabelecer metas e isso é o que destaca este teste.

Basta notar que, para uma meta ter a melhor chance de sucesso, cada dimensão precisa estar na zona de meta que desafia.

Em um mundo ideal, todos os aspectos de suas metas cairiam na zona de meta que desafia. Isso significa que você teve uma pontuação de 20 ou 21 para cada dimensão. Quando todas suas pontuações caírem nessa zona, você estará em grande forma. Então, só precisará ajustar e refinar suas metas, ficar atento a elas e iniciar a implementação.

Algumas pontuações podem cair na zona de preocupação. Isso significa que sua pontuação ficou na faixa de 13 a 19. Embora suas metas estejam ao alcance, qualquer aspecto da meta que caia nessa zona precisará de algum trabalho antes de a meta estar pronta para ser realizada.

E, finalmente, pode ser que algumas pontuações caiam na zona de alerta vermelho, o que significa que sua pontuação é de 12 ou menos. Qualquer aspecto de suas metas que cair nessa zona precisará ser repensado. Mesmo uma dimensão com pontuação nessa zona poderá fazer desandar uma meta que, de outro modo, seria sólida. Portanto, antes de começar a implementar essa meta, gaste algum tempo concentrando-se no que estiver na zona de alerta vermelho. É um "alerta vermelho" porque, mesmo que você tivesse três aspectos na zona de meta que desafia, qualquer pontuação na zona de alerta vermelho retardaria sua meta inteira, prendendo-a como uma âncora.

Exemplo de grade de pontuação em metas infalíveis

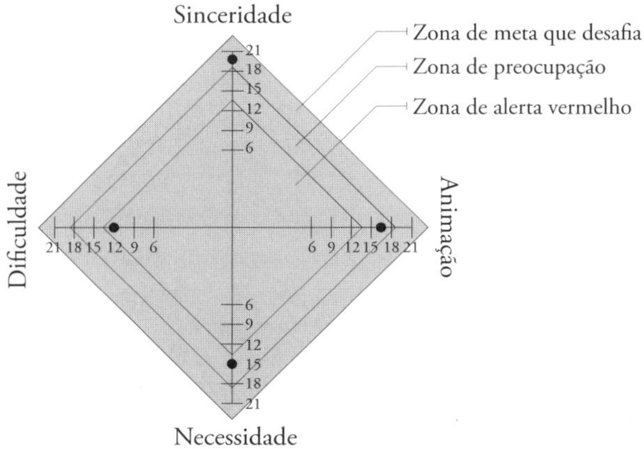

Grade de pontuação em metas infalíveis

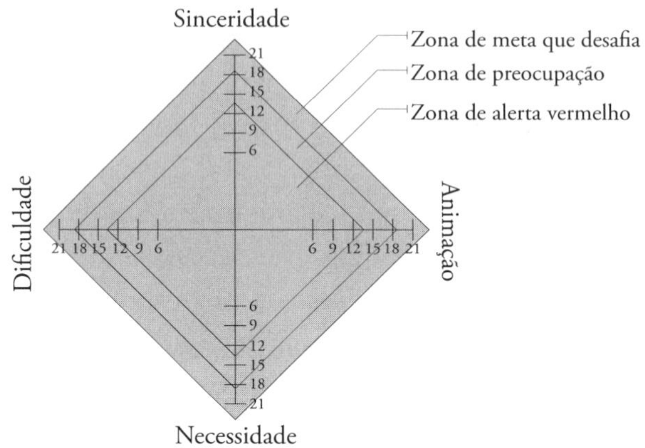

Encontre mais exemplos e ferramentas em www.hardgoals.com (em inglês).

Capítulo 1

SINCERIDADE

Sempre que converso com alguém sobre suas metas – não importa se essa pessoa está tentando mudar o mundo, desenvolver uma empresa ou perder alguns quilos –, uma das primeiras perguntas que faço é: "Por que você se importa com essa meta?". (Não se preocupe, não careço de algumas virtudes sociais; nós realmente temos uma primeira conversa.)

Algumas pessoas me olham bem nos olhos e dizem: "Essa meta não significa nada para mim. É meu chefe/cônjuge/médico (e assim por diante) que se importa". Perdi a conta do número de CEOs que responderam: "Bem, é nosso presidente que realmente acha que essa meta é importante (...)". E quantas crianças, quando faço a mesma pergunta, respondem: "Não tem nada que ver comigo. Só estou fazendo isso porque meus pais mandaram"?

"Por que você se importa com essa meta?" é uma pergunta simples e uma maneira assustadoramente precisa de prever se alguém vai ou não abandonar suas metas ante o menor obstáculo. As pessoas que perseguirão suas metas, independentemente dos desafios, responderão com algo como: "Essa meta é minha paixão, é o que estou aqui para fazer", "Adoro demais meus filhos para não fazer isso" ou mesmo "O que realmente importa é a linha de chegada, estou totalmente empolgada em desfrutar das recompensas".

Quando, contudo, as pessoas dizem "Meu chefe/cônjuge/médico/presidente é o único que realmente se importa com essa meta" ou "Estou fazendo isso só porque preciso", todos os sinais apontam para a negativa. Está ali mesmo em suas palavras: essas pessoas não têm nenhuma ligação emocional de verdade com suas metas, as metas não são sinceras. Na verdade, emocionalmente, a meta não é ainda a meta dessa pessoa; pertence a outra pessoa.

Quando fizer essa pergunta a alguém (e encorajo você a testá-la por si mesmo), ouça os nomes e pronomes que receber em resposta. Se a propriedade da meta for atribuída "a mim", "meu", "minha" ou "eu", mesmo que a meta possa ter partido de outra pessoa, esse é um forte sinal de que a pessoa a perseguirá até o fim, não importa o que aconteça pelo caminho.

Se, porém, a pessoa mentalmente atribuir a propriedade da meta a um chefe, cônjuge, médico, presidente, ou a quem quer que seja, você ouvirá palavras como "sua", "dela", "da empresa", "meu professor", ou "o chefe", e saberá que a pessoa simplesmente não se sente ligada à meta. Você também pode ouvir palavras emocionais (por exemplo: "motivado", "animado", "não posso esperar", "demitido", e assim por diante). A expressão de sentimentos intensos normalmente prenuncia resultados melhores do que o distanciamento emocional. Basta lembrar que ninguém nunca lava um carro alugado (o que significa que, se você não for o dono, não empenhará muito esforço em alguma coisa).

Você faria qualquer coisa pelas pessoas que adora – os filhos, o cônjuge, o melhor amigo, a família, outro ente querido e assim por diante –, porque tem uma ligação sincera com essas pessoas. Você não apenas as conhece, mas sabe que realmente se importa com elas. Mas e se lhe pedissem para fazer algo por um conhecido de passagem ou até mesmo por um completo estranho? O mais provável é que faça algum esforço, porque você é uma pessoa boa, mas a maioria das pessoas arriscaria e sacrificaria muito mais por um ente querido do que por um simples conhecido ou desconhecido. Os médicos dão atendimento mais completo às pessoas às quais se sentem mais ligados. As pessoas dão mais dinheiro a instituições de caridade quando sentem uma ligação sincera com os destinatários. As pesquisas têm mostrado que até mesmo as vendas geradas em festas de vendas boca a boca podem ser significativamente explicadas analisando-se a força da ligação pessoal entre o anfitrião e os convidados.

Com todo o respeito devido ao Sting, se você adora alguém (e, portanto, tem uma ligação sincera com essa pessoa), provavelmente não vai deixá-la partir. Em razão dessa ligação sincera, você vai segui-la até os cantos mais remotos do globo, vertendo sangue, suor e lágrimas para ajudá-la da maneira que puder. E esse é precisamente o tipo de ligação sincera que você quer sentir em relação a suas metas. Você quer amar, precisar e estar sinceramente ligado a suas metas; você quer se sentir capaz de perseguir uma meta até os confins da terra para realizá-la.

Só para ficar claro, nem tudo são emoções. É absolutamente necessária a parte analítica do cérebro para criar e realizar uma meta que desafia (como você verá claramente nos capítulos sobre "necessidade" e "dificuldade"). Certamente, você deve calcular a quantidade exata de peso que precisa perder, o valor em dólar no qual as vendas devem crescer, que marcação de quilômetros precisa atingir para estar preparado para uma maratona e a quantas aulas precisa assistir para sentir o nível ideal de desafio. Mas, embora você possa criar a meta analiticamente mais perfeita do mundo (com um grau perfeito de dificuldade e assim por diante), se não for sincero, se não estiver emocionalmente ligado a ela, se não estiver pronto para persegui-la nos quatro cantos do globo, então é mais provável que venha a abandoná-la do que realizá-la. Os processos de estabelecimento de metas muitas vezes se prendem tanto às partes de análise e tática que negligenciam a questão mais fundamental: por que você se importa com essa meta?

No início de minha carreira, aconselhei seriamente organizações problemáticas (que oscilavam à beira da falência). E acredite em mim quando digo que precisavam de algumas sérias metas que desafiam para retomar seu caminho. Sempre fui capaz de dizer se a empresa tinha uma base suficiente para dar uma reviravolta bem-sucedida só de andar por lá e perguntar aos funcionários: "Por que você se importa com a empresa ser bem-sucedida ou não?". Se ouvisse uma porção de pessoas dizerem: "Porque vou perder meu emprego", "Preciso de um salário" ou algo semelhante, saberia que a empresa provavelmente não seria capaz. Mas se ouvisse algo mais sincero como "Dediquei meu coração e a minha alma a este lugar e não vou deixar que fracasse agora", ou "Muitas pessoas estão contando conosco" ou "Nossos clientes precisam de nossa sobrevivência ", então saberia que teríamos grandes chances de uma virada.

A propósito, todo político que quer sobreviver sabe que a preocupação, a intensidade emocional e a ligação sincera significam a mesma coisa: o voto dos eleitores. Quando as pessoas estão emocionalmente ligadas a uma questão ou a um líder, quando sentem um entusiasmo sincero, são capazes de mover céus e terra para garantir seu sucesso. Mas quando estão apáticas... essa é uma notícia muito ruim mesmo!

Se suas metas são importantes o bastante, se são infalíveis, então em algum ponto você irá deparar com um obstáculo, porque toda meta que vale a pena realizar testa sua determinação e lhe pede para decidir se realmente quer continuar. E nesse momento, se seu compromisso com a meta for suficientemente sincero, você continuará com ela. Mas se não, se não houver uma ligação sincera, bem, é por isso que sua academia de ginástica em janeiro está superlotada de pessoas que tomam essa resolução no Ano-novo e ficará vazia até março.

Nos últimos anos, tem havido uma série de livros sobre como ser feliz. Não como ficar profundamente satisfeito, emocionalmente forte, altamente realizado ou feito ou fazendo algo realmente significativo e importante na vida mas, sim, feliz. (Fazer coisas realmente fáceis como empanturrar-se de pizza bebendo cerveja e assistindo a *Blade Runner* me faria feliz, mas essa não é exatamente uma receita para a autoestima ou para uma vida bem vivida.) Em um desses livros de felicidade, o autor conta uma história sobre uma mulher que adorava tanto literatura que decidiu fazer um doutorado na área. Segundo a história, a mulher entrou em um bom curso e começou a assistir às aulas. Logo descobriu, no entanto, o quanto era difícil. Havia notas, prazos, trabalhos, recompensas, punições e assim por diante. Ela finalmente concluiu: “Nunca mais vou querer saber de ler”.

Ora, o autor do livro estava defendendo um argumento totalmente diferente ao contar essa história, mas eis o que concluí dele: que a mulher não tinha uma ligação emocional sincera o bastante com sua meta; sua ligação não era verdadeiramente sincera. Veja bem, só uma meta que vale a pena perseguir tem interesse. Você não pode simplesmente sair da cama e obter um Ph.D. só porque gosta de ler Shakespeare. Se fosse esse o caso, eu venceria o Tour de France só porque recentemente participei de uma excursão de bicicleta pelo vale de Napa, na Califórnia, para beber vinho (opa, quis dizer degustar). E talvez um Prêmio Nobel também, porque adoro conversar com pessoas inteligentes.

Uma vez mais, toda meta que vale a pena realizar acaba testando seus limites; simplesmente, não há como fugir disso. E, em algum momento, mesmo as coisas que você adora fazer poderiam deixar de ser "divertidas" quando você se esforçar para resistir, continuar, seguir em frente e lutar por um nível mais elevado de grandeza. Se a mulher da história realmente se importasse em realizar seu doutorado e se tornar uma professora de literatura – que é uma conquista significativa e interessante que levaria pelo resto da vida –, precisaria de um compromisso muito mais sincero do que apenas "ler Shakespeare no sofá é divertido".

Então, o que você deve fazer se não estiver se sentindo tão intensamente ligado como gostaria a suas metas? Como poderá criar essa ligação emocional a fim de que nada menos do que a morte ou um desastre o impeçam de realizar essas metas?

Há três maneiras de criar uma ligação sincera com suas metas:

- Intrínseca: desenvolver uma ligação sincera com a meta em si.
- Pessoal: desenvolver uma ligação sincera com a pessoa a quem você está dedicando a meta.
- Extrínseca: desenvolver uma ligação sincera com a recompensa.

Vejamos cada uma dessas maneiras em mais detalhes.

LIGAÇÃO INTRÍNSECA

Você provavelmente estará mais motivado a fazer algo que realmente adore fazer. Essa é uma percepção que provavelmente se enquadra na categoria de "Certo, e daí?" para a maioria das pessoas. É também, em poucas palavras, a definição da motivação intrínseca. Pense no que você faz em seu tempo livre, quando ninguém o está pressionando ou o recompensando de uma maneira ou de outra. Seja o que for, se é algo que você adora fazer, provavelmente é um exemplo de motivação intrínseca.

Steve Jobs tinha uma ligação emocional intrínseca com o que fazia. Se alguma vez você o ouviu lançar um novo produto, a ligação intrínseca positivamente emanava dele. Era possível ouvir sua ligação sincera em declarações como "Este é um computador fantástico", "Isto aqui é a coisa mais legal que já fizemos com o vídeo" ou "Esta é uma forma incrível de se divertir". A ligação apaixonada de Jobs com o mundo melhor que ele realmente acreditava estar criando com seus produtos é o que mantinha o surgimento contínuo de todas suas grandes ideias. Era também parte do pacote que ainda transforma os clientes e funcionários da Apple em defensores apaixonados da empresa.

A motivação intrínseca vem de dentro e não em resposta a recompensas externas. Isso não quer dizer que, assim como fez Jobs, qualquer um que tenha uma motivação intrínseca não possa também procurar recompensas externas. O fator que impulsiona a meta para a frente, a principal motivação, vem, contudo, de você fazer o que gosta.

O treinador, conferencista e escritor Lyle Nelson foi quatro vezes um atleta olímpico. Em 1988, foi eleito por unanimidade o capitão da equipe olímpica dos Estados Unidos. Coisa muito legal, mas, se você conhecê-lo, verá apenas modéstia e generosidade. Lyle sempre tem um momento para quem pede e, já que ele é um fantástico solucionador de problemas, é muito requisitado.

Quando lhe pediram para explicar o papel que as emoções desempenharam em seu sucesso olímpico, eis o que Lyle disse: "Lá estava eu em Innsbruck, na Áustria, na manhã de minha primeira corrida. O tempo estava perfeito para esquiar, frio e seco, mas claro e ensolarado. Ainda posso ver as trilhas de esqui cross-country passando pelas margens do lago e por uma torre de igreja até desaparecer da vista sobre o morro. Foi quando me dei conta de que estava prestes a viver um sonho.

"Lembrei-me de quando tinha 15 anos. Na época, sabia que chegaria às Olimpíadas, mas não sabia que demoraria doze anos para isso acontecer. Quatro desses anos passei na Academia Militar de West Point e, desde o primeiro aos últimos anos de curso, levantava pesos seis noites por semana das 11 da noite até a 1 da madrugada. Foi fácil; não precisei de nenhuma disciplina hercúlea. Eu era movido pelo pensamento de um dia me encontrar no portão de largada dos Jogos Olímpicos."[1]

Guiado por uma ligação intrínseca sincera com sua meta, Lyle assumiu um compromisso inabalável de se tornar um atleta olímpico quando era apenas um garoto. Essa foi uma ambição muito precipitada mas, como Lyle diz sempre, não se trata apenas de metas gigantescas como se tornar um atleta olímpico. "Enquanto estava no portão, percebi pela primeira vez na vida que tentaria dar os 100% de verdade; nenhuma desculpa para ficar para trás importaria. Era um daqueles momentos na vida onde dizemos a nós mesmos: 'Quando passar por esta linha, darei tudo o que tenho'. Mas essa linha poderia facilmente ser um projeto no trabalho, um relacionamento ou a vontade de mudar uma atitude." Lyle estava certo, e dar 100% definitivamente é mais fácil quando se tem uma ligação intrínseca com a meta.

Então, como você cria uma ligação intrínseca sincera com suas metas? Ao compreender seus tropeços e seus empurrões.

Todo mundo tem tropeços e empurrões. Os tropeços são as questões que o desmotivam, drenam sua energia, fazem você parar de dar 100% e querer deixar de perseguir suas metas (eles o "derrubam" como quando se tropeça). Os empurrões são as questões que o motivam e satisfazem, que você adora inerentemente, que o fazem querer dar 100% e continuar, por mais difíceis que sejam as coisas. (Eles o "empurram" para continuar a perseguir sua meta.)

Isso parece bastante simples, mas aqui está a "pegadinha": os tropeços e empurrões não são as faces opostas da mesma moeda. Só porque as pessoas estão sentindo verdadeiros empurrões em direção a suas metas não significa que não tenham nenhum tropeço. E antes que você passe o dia todo tentando descobrir como conseguir mais empurrões em suas metas, é preciso que pelo menos reconheça (e, idealmente, amenize) os tropeços.

Deixe-me começar com uma analogia que pode parecer um pouco estranha, mas que ajuda a esclarecer a questão. Assim como os tropeços e os empurrões não são opostos um ao outro, também a dor e o prazer não são opostos um ao outro. O outro lado do prazer não é a dor, é apenas a ausência de prazer. Da mesma forma, a antítese da dor não é o prazer, é apenas a ausência de dor. Se alguém bate em meu pé com um martelo, eu sinto dor. E, quando a pessoa para, não sinto prazer, apenas a ausência da dor. Se estou recebendo a maior massagem do mundo nas costas, sinto prazer. Quando a massagem para, não sinto dor, apenas a falta de prazer.

Aqui está a lição: se estou recebendo uma ótima massagem nas costas, isso não impede de alguém começar a bater em meu pé com um martelo. E, se isso acontecer, a dor em meu pé prejudicará totalmente o prazer que estou recebendo a partir da massagem nas costas. Eis o corolário da lição: se um dia você passar por mim e vir que meu pé está sendo atingido por um martelo, não poderá diminuir a dor no meu pé dando-me uma massagem nas costas. A única maneira de parar a dor em meu pé é impedir o martelo de bater nele.

Eu avisei que essa era uma analogia estranha, mas ela está aqui porque é relevante. Todo dia, as pessoas perseguem suas metas e seus pés são atingidos por martelos (tropeços). Isso efetivamente destrói completamente qualquer ligação intrínseca que essas pessoas possam sentir em relação a suas metas. Pior ainda, muitas pessoas não analisam conscientemente seus tropeços e empurrões; então, quando recebem esses tropeços, não sabem exatamente por que sua ligação sincera está diminuindo e sabem ainda menos como resolver o problema.

Portanto, a primeira coisa que você tem a fazer é diagnosticar seus próprios tropeços e empurrões. E, para tanto, só precisa responder a duas questões simples:

- Indique um momento recentemente (nas últimas semanas, meses ou até há um ano) em que se sentiu realmente frustrado ou emocionalmente esgotado, ou quis jogar tudo para o alto e desistir.
- Indique um momento recentemente (nas últimas semanas, meses ou até há um ano) em que se sentiu realmente motivado ou empolgado, ou como se estivesse totalmente animado e incontrolável.

Você perceberá que essas perguntas não são feitas em abstrato. Isso é porque não estou procurando coisas que poderiam atrapalhar minhas metas. Estou procurando as coisas que realmente estão atrapalhando minhas metas (e quanto mais recentes os exemplos, melhor). Se eu pedir uma lista hipotética do que "imagino" que inviabilizaria minhas metas, obteria uma lista hipotética, e isso não é exatamente de muita ajuda. Não é um comportamento típico abandonar uma meta por causa de um tropeço que ainda não aconteceu e que poderá não acontecer. Muita gente, porém, desistirá de suas metas por causa de um tropeço que estão sofrendo esta semana.

Depois de descobrir os tipos de fatores e situações que contribuem ou desvirtuam sua ligação sincera com suas metas, você poderá escolher metas mais adequadas a suas motivações intrínsecas. As pessoas que estão sempre à procura de descargas de adrenalina podem ser desmotivadas por tropeços em metas que não sejam empolgantes ou exclusivas o bastante. Pessoas que gostam de resolver problemas realmente difíceis podem receber empurrões ao tentar uma meta que os amigos disseram que não poderia ser alcançada.

E quanto às situações em que você não escolhe suas metas? E se sua meta tem tropeços e você não pode evitá-los? Nesses casos, você precisará de um outro nível de motivação, precisará de uma ligação pessoal ou extrínseca com sua meta.

O economista Roland Fryer Jr., de Harvard, está fazendo algo extraordinário – ele está estudando como conseguir que crianças carentes liguem-se mais à meta de ter sucesso na escola. Você pode ter ouvido falar de sua pesquisa mais recente.[2] Um dos maiores estudos sobre a política educacional estadunidense já realizado, que envolveu o uso de dinheiro privado na maior parte para pagar a 18 mil crianças um total de US$ 6,3 milhões em vários incentivos financeiros na sala de aula. Os motivadores financeiros utilizados variaram em quantidade e incluíram pagamentos por comportamentos positivos como boas notas, leitura de livros ou não participação em brigas.

Trata-se de uma batata quente política, para dizer o mínimo, mas ressalta uma questão crucial: quando se tem dificuldade de criar uma ligação intrínseca entre uma pessoa e uma meta, o que mais se pode tentar? É claro, todos nós queremos que as crianças aprendam o amor pela aprendizagem (em outras palavras, a estar intrinsecamente ligadas à meta do sucesso acadêmico). No entanto, como Fryer diz: "Eu poderia entrar em uma escola completamente fracassada, com embalagens de crack espalhadas pelo chão, e dizer: 'Ei, frequentei uma escola como esta e quero ajudar'. E as pessoas simplesmente me desestimulariam quanto ao 'amor pela aprendizagem', e eu responderia com algo como: 'Mas eu acabei de pisar em embalagens de crack lá fora! Há brigas nos corredores! Nós estamos além disso' ".[3]

LIGAÇÃO PESSOAL

Quando eu era adolescente, minha tia-avó Norma recebeu um diagnóstico de câncer terminal. Ela estava na casa dos 80 anos e tinha uma generosidade e um encanto que desmentiam sua suposta ferocidade de "mamãe urso". Logo depois de receber a notícia de que teria poucos meses de vida, sua filha (que estava então em seus 60 anos) também teve o diagnóstico de câncer, mas com uma expectativa de vida de mais alguns anos. É claro, você sabe o que direi em seguida. Tia Norma não morreu de imediato, mas viveu por mais cinco anos. Os médicos ficaram coçando a cabeça em uma combinação de espanto e incredulidade. Norma enfrentava uma dor constante, mas resistia todos os dias para poder cuidar da filha.

Todos conhecemos uma tia Norma, alguém que adora tanto outra pessoa, é tão emocionalmente ligada a essa pessoa, que é capaz de suportar qualquer dor – superar qualquer desafio – a fim de ajudar essa pessoa a passar por um desafio ou uma crise. Depois de todas as histórias de horror no noticiário local, você poderá encontrar bons exemplos ali. Como Nick Harris, o homem de Ottawa, Kansas, que viu sua vizinha de 6 anos ser atropelada por um carro.[4]

A menina vinha andando por sua rua a caminho da escola quando alguém subiu na calçada e bateu nela, jogando-a para a rua e passando com o carro por cima dela. Nick, que tinha acabado de deixar a própria filha na escola, viu o acidente e correu para ajudar. Quando chegou lá, esse sujeito de 1m57 e 90 quilos levantou o carro (um sedan Mercury) de cima da menina. E quanto aos ferimentos dela? Alguns arranhões, hematomas e marcas dos pneus, mas fora isso ela estava bem. Sorrindo, a menina disse a uma equipe de reportagem local: "Eu nem mesmo quebrei um osso".

Há uma porção de histórias como essa sobre pessoas que fizeram algo incrível para ajudar outro ser humano. O poder de fazê-lo vem de uma ligação pessoal sincera porque, mesmo que aconteça com um total estranho, ainda existe o vínculo humano. É o que motiva tantas pessoas a se envolverem ou contribuirem com instituições de caridade que não têm nada que ver com suas próprias circunstâncias. Ao contribuir em favor dos esforços humanitários globais ou ao ajudar um parente querido ou um amigo, você dedica sua meta que desafia ao benefício que ela trará a alguém além de você mesmo.

Pesquisadores do University College de Londres usaram imagens de ressonância magnética funcional (RMF) para demonstrar a força neurológica resultante de vínculos profundos com outras pessoas[5] (a RMF mede a variação do fluxo sanguíneo relacionado à atividade neural no cérebro). Mostraram-se fotos dos filhos às mães e, em seguida, fotos de filhos de amigos, de seu melhor amigo e de outros amigos adultos, o tempo todo medindo a reação do cérebro.

Quando olhavam para os próprios filhos, os centros de recompensa do cérebro das mães eram ativados, coincidindo com áreas plenas de receptores de oxitocina e vasopressina (dois neuro-hormônios envolvidos no vínculo maternal e formação de pares de adultos). Também foi ativada outra área ligada à supressão da dor durante experiências emocionais intensas (como o parto). Mas talvez ainda mais interessante do que as áreas que foram ativadas sejam as áreas que se tornaram desativadas. Os pesquisadores descobriram que as áreas associadas a emoções negativas, julgamentos sociais e avaliação das intenções de outras pessoas foram reprimidas. E não foi só amor materno que criou esse efeito; os mesmos pesquisadores consideraram o amor romântico e encontraram resultados incrivelmente semelhantes.

A profunda ligação emocional com outra pessoa pode ser o impulso de que você precisa para substituir os pensamentos negativos e conseguir que suas paixões fluam para sua meta que desafia. Não é de desprezar. É claro, seria ótimo se você só tivesse de desenvolver ligações emocionais com as pessoas que já conhece e adora. No entanto, se fosse esse o caso, isso não passaria de uma coleção de dramalhões – o que não é.

Nem todos os envolvidos ou afetados diretamente por sua meta serão pessoas de quem você mais gosta ou mesmo que realmente conheça. Mas você ainda pode criar uma ligação profunda com quase qualquer meta, tornando-se emocionalmente ligado aos beneficiários da meta. As seguintes técnicas funcionarão se você estiver tentando perder peso porque quer viver mais para seus filhos ou porque quer impressionar uma antiga namorada do colégio na próxima reunião da turma. Você pode querer acumular mais riquezas para a segurança financeira de seu cônjuge ou abrir um orfanato no Haiti. E também se é um CEO da Apple ou do Google e quer que todos no mundo vivam melhor usando seus produtos ou então quer inspirar os funcionários a adotarem uma nova iniciativa de vendas. São todas ligações pessoais que podem ajudá-lo a chegar onde quer.

Individualizar

A primeira ideia de que você precisa vem de minha lista de grandes mulheres da história: Madre Teresa. Antecedendo numerosas pesquisas psicológicas e neurológicas, ela disse: "Se olhar para a massa, nunca vou agir. Se olhar para apenas uma pessoa, aí, sim, vou conseguir agir". O que há de genial nessa declaração é o seguinte: se você quiser criar uma ligação emocional pessoal com uma meta e obter aquele enorme impulso motivacional, individualize e personalize sua meta.

Um dos grandes psicólogos de nosso tempo, o falecido Amos Tversky, fez um estudo juntamente com Donald Redelmeier para ver se os médicos recomendariam diferentes tratamentos aos pacientes se os vissem como indivíduos únicos e não como integrantes anônimos de um grupo de pessoas com os mesmos problemas de saúde.[6] Entregaram aos médicos diferentes situações e pediram que escolhessem o tratamento mais adequado. Eram duas versões de cada situação: uma tratava de um paciente individual, a outra referia-se a um grupo de pacientes. Aqui está um exemplo:

- **A perspectiva individual.** H. B. é uma jovem bem conhecida por seu médico de família e sem nenhuma doença grave. Ela liga para o médico depois de cinco dias de febre sem nenhum sintoma localizado. O médico faz uma tentativa de diagnóstico de infecção viral, prescreve medidas sintomáticas e diz à paciente para "ficar em contato". Após cerca de 36 horas, ela volta a telefonar, para relatar que se sente na mesma: nem melhor, nem pior, sem novos sintomas. É preciso escolher entre continuar a acompanhá-la um pouco mais por telefone ou então dizer-lhe para vir ao consultório para ser examinada. Que opção você escolheria para H. B.?

- **A perspectiva de grupo.** Pense em mulheres jovens que são bem conhecidas por seus médicos de família e sem quaisquer doenças graves. Elas telefonam para seu médico de família depois de cinco dias de febre sem sintomas localizados. Com frequência, o médico faz uma tentativa de diagnóstico de infecção viral, prescreve medidas sintomáticas e orienta as pacientes a ficarem "em contato". Suponha que, depois de cerca de 36 horas, elas telefonem de novo, relatando sentirem o mesmo: nem melhores, nem piores, sem novos sintomas. É preciso escolher entre continuar a acompanhá-las um pouco mais por telefone ou então dizer-lhes para virem ao consultório para serem examinadas. Que estratégia de gestão você recomendaria?

Observe a diferença. Na primeira situação, você pensa em H. B., uma paciente individual; na segunda, em um grupo de pacientes.

Essas situações foram apresentadas aos médicos em uma variedade de configurações: alguns receberam situações individuais, ao passo que outros receberam as de grupo. Agora, esta é a parte mais fascinante: os médicos que receberam as situações de grupo recomendaram o acompanhamento por telefone duas a seis vezes mais do que os que receberam a situação individual! Talvez seja só meu caso, mas prefiro me consultar com meu médico pessoalmente.

Em outra situação, pediu-se aos médicos para prescrever um exame de sangue adicional para detectar uma condição rara mas tratável em um estudante universitário que apresentava fadiga, insônia e dificuldade de concentração.[7] Dependendo do tipo de médico contatado (acadêmico, municipal e assim por diante), os médicos que receberam o cenário individual recomendaram o exame adicional (mesmo que custe mais dinheiro) de duas a seis vezes mais. De novo, e talvez eu pareça exigente demais, gostaria de fazer o teste adicional para descartar a doença tratável.

Portanto, o que aprendemos com isso? Quando veem alguém como um indivíduo e não como um membro anônimo de um grupo, pessoas ainda que altamente analíticas como os médicos reagem de forma diferente. Em que parte você preferia estar nessas situações: como indivíduo ou o membro do grupo anônimo? (Em minha vida profissional, sempre defendi a humanização da relação médico-paciente. E, em minha vida pessoal, sou o tipo de sujeito que quer saber que o médico está realmente prestando atenção em mim como um indivíduo e fazendo tudo a seu alcance para que eu me sinta bem. Portanto, nesses casos voto pelo "indivíduo".)

Agora, voltemos ao que disse a Madre Teresa: "Se olhar para a massa, nunca vou agir. Se olhar para apenas uma pessoa, aí, sim, vou conseguir agir". Eu diria que essa senhora era assustadoramente inteligente.

Personalizar

Um grupo de pesquisadores liderado por Deborah Small, da Wharton School da Universidade da Pensilvânia, provou essencialmente que a visão da Madre Teresa estava correta. Na verdade, seu trabalho de pesquisa começa com a citação dela. Eles criaram uma série de experimentos para ver se as pessoas doariam mais dinheiro para ajudar uma vítima conhecida em comparação a uma vítima estatística.[8]

Os experimentos tinham algumas partes. Primeiro, os participantes respondiam a uma pesquisa de mercado irrelevante, para o que recebiam cinco notas de US$ 1. O pagamento era acompanhado de um envelope em branco e uma carta de solicitação de caridade. (A pesquisa de marketing era apenas uma desculpa para pôr algum dinheiro nas mãos dos participantes, para ver se poderiam ser induzidos a participar com ele.) A carta indicava que poderiam doar qualquer quantidade de seus recém-adquiridos US$ 5 para a instituição de caridade Salvem as Crianças (que ajuda a combater a fome na África).

Em um dos experimentos, foram distribuídos três versões da carta de caridade entre três grupos. A carta do primeiro grupo apresentava as estatísticas sobre a fome (a "vítima estatística"). O argumento sobre a vítima estatística era assim (este é apenas um breve trecho):

> A escassez de alimentos no Malauí afeta mais de 3 milhões de crianças. Na Zâmbia, a ausência prolongada de chuvas resultou em uma queda de 42% da produção de milho a partir de 2000. Como resultado, estima-se que 3 milhões de zambianos passam fome. (...)

A carta do segundo grupo apresentava um retrato de uma vítima identificada. O argumento sobre a vítima identificada era assim (mais uma vez, este é apenas um trecho):

> Qualquer quantia que você doar irá para Rokia, uma menina de 7 anos de Mali, na África. Rokia é extremamente pobre e enfrenta uma ameaça de fome grave ou até mesmo pode morrer de fome. Sua vida será mudada para melhor, como resultado da sua doação. (...)

O terceiro grupo recebia uma carta que lhes apresentava as duas versões; recebiam índices da vítima estatística seguidos do argumento sobre a vítima identificada.

Dos possíveis US$ 5, as pessoas que receberam o discurso sobre a vítima estatística contribuíram em média com US$ 1,14. As pessoas que receberam o discurso combinado (vítima estatística e identificada) deram em média US$ 1,43. E as pessoas que receberam apenas o discurso sobre a vítima identificada? Contribuíram em média com US$ 2,38. Sim, você leu certo. As pessoas que receberam apenas informações sobre Rokia, identificando a pessoa que estavam ajudando, deram mais que o dobro do dinheiro do que as outras que estavam apenas contribuindo para ajudar uma estatística.

Um experimento de seguimento foi realizado com os mesmos cenários de vítima estatística e identificada. Dessa vez, no entanto, os participantes foram "preparados" para pensar de uma determinada maneira. Um grupo foi preparado para pensar "analiticamente", recebendo perguntas como: "Se um objeto se desloca a 1,5 metro por minuto, então, por seus cálculos, quantos metros ele percorrerá em 360 segundos?". O outro grupo era preparado para "sentir", com perguntas como: "Quando ouve a palavra "bebê", o que você sente?".

Eis o resultado: quando as pessoas foram preparadas para "sentir" antes de ler sobre Rokia, elas deram US$ 2,34, quase o mesmo com que contribuíram as que não foram preparadas. Mas quando foram preparados para "analisar" antes de ler sobre Rokia, só contribuíram com US$ 1,19. Elas deram quase 50% menos apenas por envolver a parte analítica do cérebro em vez de a parte relativa ao sentimento do cérebro.

Agora, deixe-me apresentar uma "arma afiada" para os líderes empresariais cuja função é estabelecer metas para sua equipe. Você sabe o quanto as empresas gostam de coisas mensuráveis, não é? E como estão sempre pedindo para os funcionários traduzirem grandes metas difusas em um número simples que seja facilmente rastreável, certo? Bem, toda vez que pedir aos funcionários para traduzir as metas com as quais possam se "sentir" bem – com as quais tenham uma ligação emocional – em um número simples que se encaixe "analiticamente" em sua planilha, pode ser que tenha acabado de cortar 50% de sua disposição de "contribuir" para essa meta.

O que você quer é que seus funcionários "enfiem a mão" em sua conta bancária emocional e contribuam, contribuam, contribuam para as grandes metas corporativas. Pedir para "analisar" a meta antes de instigar qualquer tipo de conversa sobre "sentir" a meta não é o caminho para chegar lá. Na realidade, algumas empresas chegam ao ponto de denegrir os sentimentos e elevar o "número" a alguma posição endeusada ("Ahhh, eu vi o número e ele era booooom", "O número vos libertará").

Aqui está uma citação de um artigo da revista *BusinessWeek*, que deve servir como uma boa advertência a todos os executivos de empresas: "Não muito tempo atrás, os executivos da GM usavam bótons com o número '29', que funcionava como um lembrete constante da grande meta da empresa de 29% de participação de mercado dos EUA".[9] Enquanto escrevo este livro, esse número é de cerca de 19%. Tenho vontade de perguntar: "Então, como é que essa coisa de um número num bóton funciona para você?".

Não estou dizendo que você não precise de números (gosto de números – no fundo sou um pesquisador e ganhei prêmios com estudos numéricos sobre temas como gestão financeira). Mas, leitor, você precisa ter cuidado para não sufocar os sentimentos das pessoas em relação a suas metas já no início do processo de estabelecimento das metas. Algumas empresas ainda utilizam o processo de estabelecimento de metas bastante antiquado chamado de objetivos SMART (que se traduz por objetivos específicos, mensuráveis, atingíveis, realistas e com prazos de validade). Não só você não vê as palavras "sentir" ou "sensíveis" em nenhum momento ali, mas específicas e mensuráveis são itens que normalmente deixam todas as empresas empolgadas em converter todas as metas em um número (ironicamente, sufocando qualquer emoção real que possa ter existido).

Mais adiante no livro vou mostrar como integrar efetivamente os números em suas metas. Mas, por enquanto, basta dizer que os números vêm depois dos sentimentos. Se você está tentando perder dez quilos, enquanto não tiver uma ligação emocional sincera com essa meta, não use nenhum bóton com a inscrição "10" em relação a ela. O mesmo vale para bilhetes com o número "10" no espelho do banheiro ou na geladeira – pelo menos se você se preocupa sobre como manter sua meta viva.

No início de seu processo em relação à meta, você precisa desenvolver o sentimento. Precisa criar um vínculo emocional com sua meta que lhe dê uma energia incessante para persegui-la, por mais difícil que isso se torne. Caso contrário, você também acabará ficando com lindos bótons com números que não são nada mais do que uma lembrança de uma meta fracassada à qual, antes de mais nada, não estava emocionalmente ligado.

Apple *versus* Microsoft: um exemplo perfeito de individualizar e personalizar

Você se lembra daqueles anúncios que a Apple pôs em circulação, com a frase "Eu sou um Mac, Eu sou um PC" (e que ainda podem estar circulando, dependendo de quando você estiver lendo este livro)? Contra um fundo branco liso, um sujeito avançado e descontraído (interpretado por Justin Long) apresenta-se como um Mac ("Olá, eu sou um Mac".). E depois John Hodgman, representando o tipo totalmente desambientado de um nerd viciado em planilhas de dados (em um terno marrom mal-confeccionado), diz: "E eu sou um PC". Depois, eles têm uma conversa em que se debatem os méritos de um Mac *versus* um PC (caramba, adivinhe quem ganha?).

Aqui está um exemplo:

MAC: Todos os Macs vêm com iLife.
PC: iLife, bem, tenho alguns aplicativos muito legais que me acompanham no pacote.
MAC: Por exemplo, o que você tem?
PC: Uma calculadora.
MAC: Isso é legal. Mais alguma coisa?
PC: Relógio.

Está bem, eu sei, isso é bem mais engraçado quando realmente se vê o comercial, mas você pode fazer uma ideia. Qual é o argumento desses comerciais? Individualizar e personalizar. A Apple quis colocar um nome e um rosto em Macs e PCs, porque é aí que eles vão conseguir sua ligação emocional. E ao mesmo tempo que são engraçadíssimos, os anúncios cometem um erro: o sujeito que interpreta o PC é um cômico da melhor qualidade. John Hodgman é soberbamente talentoso, tem as melhores falas humorísticas, é engraçado e ainda conquista alguma simpatia. Assim, embora a Apple queira você emocionalmente ligado ao Mac, e os anúncios conseguem isso, você também acaba emocionalmente ligado ao PC por causa do ator tão bom.

Como a Microsoft enfrentou esses anúncios? Dando uma guinada de 180 graus para longe do estereótipo normal de uma Microsoft hiperanalítica. Ela lançou os anúncios de "Eu sou um PC" mostrando pessoas reais, lutando contra o estereótipo que a Apple reforçou. Entre essas pessoas estão agricultores, técnicos, noivas e mergulhadores, que dizem coisas como "Eu sou um PC", "Eu não uso terno", "Eu uso tiaras" e assim por diante. O argumento central desses anúncios era individualizar e personalizar – assim como os anúncios da Apple.

A Microsoft aprendeu a lição bem. Quando a empresa apresentou o Windows 7, seus anúncios foram criados sobre o tema "O Windows 7 foi ideia minha". Esses anúncios mostravam pessoas normais conversando sobre as funcionalidades do Windows 7, basicamente dizendo: "Essas características foram uma ideia minha". Então, se a Apple sempre tenta atacar esses recursos, quem ela ataca? As pessoas normais, legais e comuns. Uma coisa é atacar uma empresa, sem nome e sem rosto, ou mesmo um estereótipo caricatural, mas outra completamente diferente é você realmente atacar uma criança ou mãe ou pai que essencialmente diz: "E sou aquele PC e, quando você o ataca, você me ataca!". Acho que não.

Grandes empresas criam ligações pessoais

De vez em quando ouço alguém dizer: "Essa coisa de ligação emocional é boa para perder peso ou parar de fumar, mas nunca vai funcionar para as metas da empresa". Está bem, percebo a razão dessa preocupação. Mas, para não estender a discussão, essa pessoa está errada. E deixe-me mostrar por quê.

Não há nada inerentemente implausível em um CEO sair da cama de manhã, intrinsecamente motivado para ir ao escritório e gerar rentabilidade para os acionistas. E quando um de seus filhos pergunta: "Você estará em casa hoje à noite, a tempo para meu jogo de futebol, papai?", o CEO poderia sinceramente se desculpar e dizer: "Sinto muito, filho, mas milhares de pessoas estão contando comigo para terminar esse relatório para suas ações subirem e elas ganharem dinheiro bastante para comprar comida e roupas".

Agora, imagine o sujeito que trabalha na linha de produção da mesma organização indo para a empresa para gerar lucros para os acionistas. Ou dizendo ao filho pequeno: "Sinto muito, filho, mas o papai precisa soldar mais três peças para que o preço das ações da empresa suba um milionésimo de um ponto, fazendo algumas pessoas ricas um pouco mais ricas. E nós não vamos nem mesmo ver um centavo dessa riqueza, então não me pergunte sobre uma bicicleta nova".

O dinheiro é ótimo, e é absolutamente necessário, mas trabalhar por dinheiro será sempre uma motivação inadequada se não existir também algo mais emocional. Dinheiro e emoção não são mutuamente exclusivos, é claro, mas muitas empresas agem como se, depois de ter oferecido algum dinheiro aos funcionários, tivessem concluído a tarefa de ligar as pessoas a suas metas. Alguns executivos seniores podem estar intrinsecamente motivados a aumentar o preço das ações, mas as pessoas da linha de produção também precisam de algo mais. E, francamente, empresas cujo único sentido existencial é o dinheiro (por exemplo, Enron, Bear Stearns, Lehman Brothers) nunca irão superar uma empresa cuja existência baseia-se em criar uma ligação emocional com os clientes.

Se você é o CEO de uma empresa, sou capaz de apostar que o Google ganha mais dinheiro do que sua organização. Essa não é uma suposição, mas uma declaração (provável) de um fato. (Por meus cálculos rápidos, no final de 2009 o Google tinha mais de US$ 26 bilhões em capital de giro.) E ainda, quando se trata de estabelecer metas, o pessoal do Google só pensa na ligação emocional pessoal.

Servir a algo mais emocional do que ao dinheiro é realmente difícil para muitas empresas. O Google diz isso muito bem em sua filosofia corporativa, que inclui uma lista de "Dez coisas que sabemos ser verdade".[10] Eis o número um da lista:

> **1. Foco no usuário e tudo o mais se seguirá.**
> *Embora muitas empresas afirmem que colocam seus clientes em primeiro lugar, poucas são capazes de resistir à tentação de fazer pequenos sacrifícios para aumentar a rentabilidade do acionista.* Desde a sua criação, o Google se recusa a fazer qualquer alteração que não ofereça um benefício para os usuários que visitam o *site*:
>
> A interface é clara e simples.
> As páginas são carregadas instantaneamente.
> O posicionamento nos resultados de busca nunca é vendido a ninguém.
> A publicidade no *site* deve oferecer conteúdo relevante e não ser uma distração.

O destaque é meu, e é para provar o que digo. Toda empresa na terra coloca a palavra "cliente", "paciente" ou "usuário" em sua declaração de missão. Parece ótimo gravado em uma placa pendurada na sala ou no saguão de entrada, mas será que estamos realmente dispostos a colocá-la em nossas metas? Será que fazemos sacrifícios para servir a esse cliente, paciente, usuário ou quem quer afirmemos como nosso propósito mais elevado?

As empresas que tendem a ganhar mais dinheiro ao longo do tempo conseguem isso proporcionando rentabilidade a alguém que considera maior que a si mesma, não sacrificando o cliente para aumentar imediatamente a rentabilidade do acionista. É claro, você pode aumentar o valor de suas ações aqui ou ali por narcisismo financeiro, mas isso acabará se voltando contra a empresa. Não só seus clientes acabarão por se revoltar, mas seus melhores funcionários não se empenharão 100% em uma causa egoísta. E seus melhores funcionários podem até mesmo desistir de você para ir trabalhar no Google.

LIGAÇÃO EXTRÍNSECA

Digamos que você tenha esgotado suas opções para a criação de uma ligação intrínseca ou pessoal com suas metas. Ou tem as duas conexões intrínsecas e pessoal com sua meta, mas ainda precisa de algo mais. Existem outras opções? Bem, se você se lembrar de Roland Fryer, economista de Harvard que estudou se os incentivos financeiros motivariam as crianças a aprender, mesmo quando existem vestígios de crack sobre os degraus da frente da escola, vai precisar encontrar algo, qualquer coisa, para deixá-las motivadas. E a conectividade emocional que surge quando você quer desesperadamente receber a recompensa no final de uma meta não é tão falha como alguns críticos fazem crer. Sim, você deve esgotar todas as tentativas de encontrar uma ligação intrínseca ou pessoal, e não tornar apenas suas recompensas financeiras, ou básicas, a única opção (o Google e outros mostraram por que isso é verdadeiro). Mas as recompensas extrínsecas têm seu lugar e, se utilizadas de forma eficaz, podem ajudá-lo a começar.

Há pessoas que vão argumentar contra as recompensas extrínsecas e até mesmo chegarão ao ponto de dizer que elas podem prejudicar seu compromisso com a meta. Tomemos, por exemplo, um estudo feito no Estado de Washington com 1.200 pessoas que estavam tentando parar de fumar.[11] Um subgrupo de participantes do estudo recebeu um incentivo financeiro para usar alguns mecanismos de autoajuda no combate ao fumo. O que se descobriu foi que o incentivo financeiro levou as pessoas a utilizar os mecanismos de autoajuda, mas porque eles supostamente prejudicavam sua motivação intrínseca para deixar o vício, o incentivo não chegou a aumentar seus índices de cessação do tabagismo e essas pessoas apresentaram os maiores índices de recaída.

Lendo isso, você pode estar inclinado a pensar que recompensas como o dinheiro sufocam qualquer motivação real. Não é assim. Veja, uma das grandes perguntas que temos de fazer em um estudo como esse é: quais foram os verdadeiros incentivos financeiros? Porque, quando fazemos essa pergunta, descobrimos que primeiro foi a recompensa de uma caneca de café de cerâmica. E, segundo, havia situações em que os participantes do estudo tinham alguma possibilidade estatística de ganhar uma viagem ao Havaí, às ilhas San Juan ou a Seattle.

Como ex-fumante, permita-me fazer um comentário sobre esses "incentivos financeiros". Primeiro, aquela caneca de café poderia ter sido entregue com doces e uma stripper e não teria chegado nem perto de me motivar a parar de fumar. Caramba, considerando o número de canecas que tenho em casa, provavelmente estaria disposto a pagar aos pesquisadores para ficarem com a maldita coisa. Esse é praticamente um desincentivo a parar. E, pelo jeito, a única coisa melhor do que um cigarro é um cigarro com café. Então, a caneca acaba sendo um lembrete subliminar muito bom para continuar a fumar. Ora, por que simplesmente não enviaram um isqueiro e um maço de Marlboro?

E o sorteio de uma viagem ao Havaí? Se os participantes do estudo fossem um pouco dados a cálculos matemáticos, iriam supor o preço de varejo da viagem em US$ 3.000 (apenas para considerar um número redondo) e então diriam: "Minhas chances de ganhar são de 1 em 300 (0,3%)" ou o que for, e então descobririam que a viagem tinha um valor monetário esperado de cerca de US$ 10 (3.000 x 0,3% = 10). Sem uma ligação emocional mais sincera, nenhum fumante na terra seria motivado a parar de fumar se lhe oferecessem apenas US$ 10 e uma caneca de café lembrando-o de fumar mais.

Outro estudo, publicado em *The New England Journal of Medicine*, foi um pouco mais esperto no uso de motivadores financeiros e constatou que esses incentivos realmente funcionam.[12] Metade dos participantes do estudo recebeu informações sobre os programas de cessação do tabagismo. A outra metade recebeu as mesmas informações, mais incentivos financeiros. Os incentivos financeiros eram de US$ 100 para concluir um curso de cessação do tabagismo, outros US$ 250 para deixar de fumar dentro de seis meses após o ingresso no estudo e mais outros US$ 400 por ficar comprovadamente livre do fumo seis meses depois. (A abstinência ao tabagismo era medida com um simples teste bioquímico para a cotinina.)

Portanto, US$ 750 foram melhores do que US$ 10? Bem, vamos ver. As pessoas que receberam os incentivos financeiros tiveram um índice 294% maior de abandono do fumo do que o grupo que só recebeu informações, nove ou doze meses após o ingresso no estudo. O grupo dos incentivos também teve um índice 261% maior de abandono do fumo do que o grupo que só recebeu informações, quinze ou dezoito meses após o ingresso no estudo. E, é claro, houve quase o triplo dos índices de inscrição em cursos de cessação do tabagismo, mais que o quádruplo no índice de conclusão e quase o dobro dos índices de cessação do tabagismo nos primeiros seis meses. Então direi que sim, as recompensas extrínsecas funcionaram.

As ligações extrínsecas realmente funcionam. Uma vez mais, em um mundo ideal, queremos uma ligação intrínseca e/ou pessoal. Mas quando já esgotamos todas elas, ou ainda precisamos de algo mais, as conexões extrínsecas estão disponíveis. O que parece ser a verdadeira questão nesse caso é quais tipos de incentivos extrínsecos funcionam. Uma escola de pensamento emergente, liderada pelo professor E. Tory Higgins, da Universidade Columbia, é a noção de adequação às regras.[13] Significa basicamente que o incentivo precisa ser coerente (ou "adequado") ao modo como as pessoas pensam sobre sua meta.

Em uma série de experimentos, Higgins e seus colegas pediram às pessoas para participar de um jogo chamado "Shoot the Moon" (Atire na Lua), um jogo de habilidade da década de 1940, que envolve fazer subir uma pequena esfera de metal, do tamanho de uma bolinha de gude, pela manipulação de dois trilhos de metal. A meta é separar as barras no momento certo para que a bola caia no buraco que confere mais os pontos. (Você pode vê-lo no YouTube procurando por "shoot the moon game"; realmente, é um jogo muito empolgante, até vicia.)

Em um experimento, os pesquisadores diziam às pessoas para apenas se divertir praticando o jogo, porque estavam estudando que tipos de jogos as pessoas achavam mais divertidos. Em seguida, ofereciam uma recompensa às pessoas – uma caneta – por ganhar, mas variavam a definição da recompensa. Um grupo recebia a recompensa expressa em tons graves, como se fosse uma tarefa relacionada ao trabalho, e com uma pontuação séria em um quadro. O outro grupo recebia a recompensa expressa em tons divertidos – imagine um jogo de carnaval em que você pode ganhar um prêmio – e a pontuação era marcada com fichas de pôquer. Depois de tudo isso, os participantes tinham algum tempo livre e eram avaliados em sigilo em função de quantos em cada grupo continuavam a jogar o jogo e quantos iam fazer outras coisas, como ler uma revista ou jogar jogos de computador.

Os resultados foram fascinantes. Quando as pessoas recebiam a recompensa divertida, esta se "adequava" à atividade inerentemente divertida. E, assim, elas continuaram a jogar o jogo durante seu período livre. (Observar o que você faz em seu tempo livre é uma medida muito boa do que você acha intrinsecamente motivador.) E quando as pessoas recebiam a recompensa séria, que não se adequava à atividade divertida, sua vontade intrínseca de jogar o jogo caía. Quase 71% das pessoas no grupo da recompensa divertido jogavam o jogo no período livre, em comparação com apenas 44% no grupo da recompensa séria.

Outro dos experimentos substituía o jogo de "Shoot the Moon" por uma tarefa séria (encargos financeiros), que era explicada de uma maneira séria, não como um jogo, mas como uma preparação para situações importantes da vida. Como no experimento anterior, os participantes foram informados de duas maneiras diferentes sobre um prêmio de desempenho (de novo, uma caneta): uma apresentada em uma abordagem séria e a outra agradável ou divertida.

Adivinhe o que aconteceu? Em um nível significativo, os participantes que foram informados da recompensa de uma forma séria optaram voluntariamente por repetir a tarefa financeira séria quando tiveram escolha do que fazer durante seu tempo livre. Assim como aconteceu com o jogo divertido e a recompensa divertida, a recompensa séria foi mais adequada à atividade séria.

Eis o resultado final: as recompensas têm de se adequar à atividade. Tenho visto empresas sobreviverem em tempos difíceis, pedindo a seus funcionários para se sacrificarem, trabalharem mais e assim por diante. Um negócio difícil, sério. Mas então vi algumas dessas mesmas empresas passarem por momentos difíceis e fazerem um piquenique com a empresa para comemorar sua sobrevivência. Infelizmente, às vezes as comemorações fracassaram miseravelmente. Por quê? Porque a recompensa divertida simplesmente não é adequada à atividade séria; o mesmo se aplica a situações não relacionadas ao trabalho.

MOTIVAÇÃO INTRÍNSECA OU EXTRÍNSECA: QUAL É A MELHOR?

Antes de tentar responder à pergunta sobre que tipo de motivação é a melhor, aqui está um exemplo que mostra a distinção entre comportamentos intrínsecos e extrínsecos. Minha mulher realmente gosta de correr; ela gosta do relaxamento, o ponto alto para o corredor, a coisa toda. Para ela, correr é uma atividade motivada intrinsecamente. Não é assim em meu caso – e, ainda assim, corro. Não gosto inerentemente de correr: é difícil para mim, é doloroso, minha cabeça lateja e sou lento. Faço isso por razões de saúde e, francamente, por causa das camisetas que ganho nas corridas (é claro, essas camisetas possibilitam um outro motivador extrínseco, ou seja, sentir-me legal quando as pessoas me perguntam sobre a corrida). O "porquê" por trás de eu correr é um perfeito exemplo da motivação extrínseca. Eu e minha esposa já corremos uma maratona, mas por razões muito diferentes.

Há quem diga que a motivação intrínseca é muito melhor do que a motivação extrínseca. E alguns chegarão ao ponto de dizer que a motivação extrínseca pode realmente prejudicar a motivação intrínseca. Um dos estudos clássicos sobre isso foi chamado de "Transformando Diversão em Trabalho".[14]

Os pesquisadores estudaram crianças de creches que desenhavam com canetas de feltro – o que se pode chamar uma atividade intrinsecamente motivadora. As crianças foram divididas em três grupos. O primeiro esperava receber uma recompensa, e as crianças concordavam em desenhar uma imagem para receber um certificado de bom jogador. O segundo recebia uma recompensa inesperada, depois de as crianças terem terminado o desenho. No terceiro, na condição de grupo de controle, as crianças não recebiam recompensa nenhuma ao acabarem de desenhar.

Uma semana depois, todas as crianças voltaram a desenhar com as canetas de feltro e não se deu nenhuma recompensa a nenhum dos grupos. Os resultados? As crianças no grupo da recompensa esperada tiveram a motivação intrínseca diminuída, ao passo que os outros dois grupos mantiveram sua motivação intrínseca.

Muito bem, então talvez se você der uma recompensa fraca que seja inadequada à atividade em si, que incentive os comportamentos errados e diminua a sensação de autonomia, nesse caso, sim, poderá prejudicar a motivação dessa pessoa. Mas isso significa que as recompensas extrínsecas são ruins? Claro que não. Eu poderia facilmente criar uma recompensa capaz de motivar qualquer comportamento que quisesse. Para começar, se minha meta desejada fosse que as crianças ficassem felizes enquanto desenhassem, provavelmente daria a elas uma recompensa alegre ou criativa, não um "certificado de bom jogador", que não é nem alegre nem criativo.

Tudo isso, porém, ainda é muito acadêmico e subestima dois pontos importantes. Em primeiro lugar, na vida real, muitas vezes é difícil separar nitidamente a motivação intrínseca da extrínseca. Considere, por exemplo, um estudo no qual os participantes submeteram-se a uma avaliação para mensurar sua motivação intrínseca ou extrínseca. Verificou-se que esses dois fatores correlacionam-se moderadamente um com o outro. Você se lembra de uma aula introdutória em que o professor disse: "Qualquer correlação superior a 0,3 é uma correlação moderadamente grande"? Bem, nesse estudo em particular, as motivações intrínseca e extrínseca foram correlacionados em 0,4. Isso significa que as motivações intrínsecas e extrínsecas não foram diametralmente opostas, nem mesmo perfeitamente compartimentadas; na verdade, eram moderadamente relacionadas.

Mas você sabe de uma coisa? Mesmo que fosse possível separar perfeitamente a motivação intrínseca da extrínseca, apareceria um outro problema. Às vezes, mesmo que você adore fazer algo, as circunstâncias podem mudar e tornar aquela coisa já não tão inerentemente agradável. Lembra-se da mulher que deixou de gostar de literatura porque achou o doutorado difícil? Bem, qual é a resposta? Saia do curso de doutorado? Simplesmente desista?

Em poucos anos, o que você acha que será mais intrinsecamente gratificante para ela: ser uma desistente e, talvez, voltar a ler Shakespeare sozinha no sofá ou encontrar uma nova fonte de motivação, uma sincera ligação emocional com sua meta mais do que apenas "ler é divertido" para se motivar pelas dificuldades do doutorado, para conseguir seu Ph.D. e, finalmente, tornar-se uma professora de literatura? Sério, que caminho você acha que oferece a ela uma maior realização da meta (fazer coisas reais) e a realização subjetiva (sensação de um sincero sentimento de satisfação)?

Não estou intrinsecamente motivado a fazer uma destas coisas: comer mais verduras, não fumar, exercícios físicos, economizar dinheiro, correr ou desenvolver uma empresa (ao mesmo tempo, tentando comer comida saudável, fazer exercícios e não fumar). Na verdade, é apenas porque estou tão emocionalmente ligado às "recompensas" extrínsecas daquelas atividades que faço todas elas. Por exemplo, comer alimentos saudáveis, fazer exercícios e não fumar vai me proporcionar uma vida mais longa com minha esposa e meus filhos.

Então, o que faria se fosse realmente deixado por minha própria conta? Aqui está uma lista que fiz:

- Fazer amor com minha esposa.
- Tentar encontrar uma maneira de clonar minha esposa para tornar o item 1 ainda mais divertido.
- Brincar com meus filhos. (Viu? O item 1 não era fútil, era totalmente necessário para ter meus filhos. Mas, sim, o item 2 é apenas fútil.)
- Comer pizza de mozarela de búfala. (Todo mundo pensa o contrário, mas a mozarela de búfala é mais saudável.)
- Sentar na praia. (Confie em mim, se você cresceu perto da praia, você também sentiria uma atração intrínseca pelo calor e pela areia.)
- Uma porção de outras coisas completamente alheias ao trabalho.
- Pesquisar, escrever sobre as pesquisas e conversar sobre escrever sobre as pesquisas (as informações que fazem parte deste livro, nosso projeto sobre as metas que desafiam, as pesquisas com os funcionários, as avaliações das lideranças e assim por diante).

"Quer dizer que você não gosta intrinsecamente de ser o CEO de sua própria empresa e fazê-la crescer cada vez mais?" (você pergunta ofegando horrorizado). A resposta é: gosto bastante e sou muito bom nisso. No entanto, faço isso principalmente porque me permite criar um trabalho para mim no qual posso fazer pesquisas (e escrever e falar sobre isso). Adoro o mundo das ideias. Sou menos intrinsecamente animado com o mundo dos contratos, orçamentos, reuniões, faturas de produção, segurança em TI e assim por diante. A gestão de uma empresa diariamente é para mim a mesma coisa que comer legumes (não que seja particularmente hábil em comer legumes, mas é um meio aceitável para um fim muito melhor). Correr também se enquadra nessa categoria para mim, assim como a gestão financeira e uma porção de outras coisas.

Agora, aqui vai algo realmente interessante. Realizo a gestão diária porque posso dar uma contribuição que leva a melhores resultados e, finalmente, me libera mais tempo para fazer um trabalho mais motivado intrinsecamente, como escrever livros. Às vezes, o retorno extrínseco pode realmente ser mais trabalho, mas trabalho conduzido intrinsecamente. Você já ouviu falar sobre os "20% do tempo" do Google? Significa um dia de trabalho por semana, quando os desenvolvedores podem escolher os projetos que não se enquadram, necessariamente, em sua descrição de cargo. Eles podem usar o tempo para desenvolver algo novo, consertar algo quebrado ou criar a próxima coisa legal do Google. Veja como o Google explica: "Nós damos a nossos técnicos '20% do tempo', de modo que eles são livres para trabalhar no que seja realmente sua paixão. O Google Suggest, o AdSense para conteúdo e o Orkut estão entre os muitos produtos resultantes dessa regalia".[15] Observe como é basicamente a recompensa extrínseca trabalhar para eles que assume a forma do trabalho intrinsecamente motivado. Você vê por que o Google é capaz de estabelecer, perseguir e realizar apaixonadamente essas metas que desafiam? E gerar enormes retornos financeiros?

DOIS PROVEITOS CABEM EM UM SACO SÓ

Diana Sproveri era uma roteirista de talento. Depois de se formar na Costa Leste e se impor no cenário intelectual de Nova York como escritora por um tempo, ela decidiu se mudar para Hollywood e tornar-se uma roteirista de cinema. Como disse, ela tem talento, então não demorou muito para conseguir trabalho. Na verdade, um tempo atrás, sentei-me com ela no cenário da série *True Jackson, VP*, da Nickelodeon, enquanto filmavam o episódio que ela escrevera (a televisão adolescente não é realmente minha praia, mas devo admitir que foi muito engraçado). Por mais que ela fosse uma boa redatora, contudo, sua ligação com a redação de roteiros não era sincera. Uma lição que todos nós precisamos compreender é que ser bom em uma coisa não é o mesmo que amá-la. E assim Diana sentou-se para avaliar seus tropeços e empurrões.

Quando se propôs a resumir um momento em que recentemente se sentira totalmente "a toda" e incontrolável, ela se surpreendeu com a resposta. Durante as sonecas do filho e depois da hora em que ele ia dormir, ela se entretinha com as receitas de bolo e de biscoitos da família. Ela sempre adorou cozinhar, mas ultimamente realmente levou esse interesse a um novo nível – ao mesmo tempo que tentava conservar os sabores extraordinários dos velhos tempos, mas acrescentando uma apresentação artística e de uma forma que realmente funcionasse para as festas. Parece bastante simples, mas ela diz: "Eu seguiria as receitas de minha mãe e de minha avó, mas, até para se tornarem bonitas e extravagantes o bastante para as festas, ao mesmo tempo mantendo os sabores equilibrados e com um toque gourmet, eu precisava repeti-las trinta a quarenta vezes até ficarem do jeito que eu queria".

Quanto mais pensava nisso, mais ela percebeu que ficaria muito mais realizada fazendo bolos do que escrevendo comédias. E assim ela deu um salto "Eu sabia no fundo do coração, apesar do grau de risco dessa meta, que poderia ser 'a' pessoa que as pessoas pensavam quando queriam sobremesas especiais para um evento. Sabia que teria de fazer isso sozinha, porque não tinha orçamento para contratar um ajudante; portanto, todo evento que agendasse dependeria só de meu trabalho, dia e noite. E por mais que isso pudesse parecer assustador, era tão certo em meu coração que eu tinha de tentar".

O plano de Diana foi um sucesso. Ela começou a trazer seus bolos artisticamente apresentados e feitos com todo o amor no coração para os amigos que trabalhavam nos estúdios de Hollywood. As pessoas começaram a saborear as guloseimas e a notícia se espalhou rapidamente. Eu pessoalmente sou uma testemunha disso – ela faz aquelas delícias que são cortadas como um bolo coberto de chocolate e colocado em um palito, como um pirulito grande feito de bolo. O jornal *Hollywood Today* mencionou seu trabalho de uma forma mais elegante quando a analisou, dizendo: "Uma nova categoria de sobremesa, esses bolos gourmet têm a quantidade certa de bolo com uma cobertura de casca crocante. Os pedaços de bolo muito úmidos são cobertos com uma camada de chocolate amargo ou chocolate branco e em seguida decorados".[16] No entanto, se quiser saber, esses doces deliciosos têm o sabor do melhor bolo que você já comeu, mas colocados em palito de pirulito. Não só eles são divertidos como você pode se deliciar sem perder a pose, como na festa elegante do Grammy em que Diana os serviu.

É claro, tentar começar um negócio entre as sonecas do filho e trabalhando à noite é desgastante. E assim Diana se beneficiou de motivadores extrínsecos para cada evento a que atendeu, como comprar os aparelhos de cozinha mais legais ou acrescentar mais elementos para as apresentações de suas sobremesas. Motivadas por sua ligação sincera com o trabalho (intrínseca, extrínseca e pessoal), as pessoas passaram a contratar Diana e seus bolos, biscoitos, tortas e muito mais para as mesas de sobremesa em feiras e eventos. Em uma cidade em que é quase impossível impressionar, Diana fez uso de sua sinceridade em relação a sua meta que desafia para inventar a festa de sobremesas. Enquanto todo mundo está fazendo o máximo para tornar a própria vida mais fácil (não exatamente uma meta que desafia), Diana cria eventos inteiros baseados em sobremesas e pratos de queijos saborosos.

A ligação sincera dela funcionou? Bem, ela foi tema das revistas *People*, *Everiday with Rachael Ray*, *Sunset* e *Hollywood Today* entre outros. Diana serviu seus doces em uma festa do Grammy e fez as guloseimas para as lembrancinhas do Oscar. E seus quitutes tornaram-se tão procurados que ela está pensando em expandir. É um trocadilho realmente ruim, mas sou muito obrigado a fazê-lo: quando você cria uma ligação sincera com suas metas, assim como Diana, você descobre que – como se diz em inglês – pode ter seu bolo e também comê-lo – ou seja, dois proveitos cabem em um saco só.

RESUMO

Ninguém é mais qualificado do que você para determinar se sua ligação com sua meta é fortemente emocional. Seu médico pode ter dito que "é fazer ou morrer" quando se trata de perder 25 quilos, mas qual é sua verdadeira razão para fazê-lo? Talvez você realmente só queira viver mais um tempo. Ou talvez seja a visão de seus filhos, ou dos netos que ainda não conheceu, que contém sua fraqueza particular pela ingestão excessiva de alimentos. Ou talvez alguém, o cônjuge ou um parente, tenha lhe oferecido, como incentivo, US$ 100 para cada lote de 5 quilos perdidos.

Nenhum desses motivadores é certo ou errado, contanto que você se ligue e os faça funcionar em seu caso. Portanto, antes de começar a pensar sobre todas as coisas que precisará fazer para realizar sua meta, gaste algum tempo para responder à pergunta com que iniciei o capítulo: Por que você se importa com essa meta? Trata-se de algo que você simplesmente gosta de fazer ou você está fazendo isso por alguém, por algo maior do que você mesmo? Ou você realmente só está atrás da compensação? Seja qual for sua resposta, se conseguir criar uma ligação sincera com sua meta, assumi-la e integrá-la a sua vida, então estará no caminho para a realização da meta que desafia.

As metas com as quais você tem uma ligação sincera acrescentam uma dimensão de "querer" atingir essa meta, em vez de apenas sentir "necessidade" de fazê-lo. Enquanto a necessidade é crítica, essa ligação emocional adicional faz uma diferença enorme na maneira como você se dedica a sua meta e na energia que você aplica a realizá-la. A mistura exata de motivadores intrínsecos, pessoais e/ou extrínsecos dependerá de sua situação pessoal, contanto que você reúna um número suficiente deles para criar uma ligação sincera. Porque, se você não se importa com sua meta, o que irá motivá-lo a tentar realizá-la? E se você não se importa com sua meta, como pode esperar que alguém de cuja ajuda você precisa para fazê-la acontecer (funcionários, cônjuge ou quem quer que seja) se preocupe com ela também?

Obtenha mais exemplos e ferramentas em www.hardgoals.com (em inglês).

Capítulo 2

ANIMAÇÃO

Ver é acreditar. Viu a ideia? Você pode ver o que estou dizendo? Será que lancei alguma luz sobre o assunto? Nós, seres humanos, somos criaturas visuais e reagimos às imagens. Na verdade, somos tão visualmente orientados que até mesmo nosso idioma é cheio de palavras com sentido visual, como "ver", "visão", "imagem" e "luz". Não importa se essas imagens estão no papel, em uma tela a nossa frente ou apenas em nossa mente. Se pudermos imaginar uma coisa, vê-la ou imaginá-la, seremos muito mais propensos a analisá-la, entendê-la e adotá-la.

Você poderia inundar meus ouvidos com palavras por uma hora e provavelmente eu me lembraria de pouca coisa do que disse; mas, se me mostrasse uma foto ou me ajudasse a imaginar sobre o que está falando, provavelmente economizaria umas quinhentas ou seiscentas daquelas palavras. Ainda mais impressionante é que, depois de ver aquela foto ou formar uma imagem mental, me lembrarei muito mais de sua mensagem. Espere, o que você está dizendo? Uma imagem pode substituir mais palavras do que essas? Quantas palavras podem substituir uma imagem – setecentas, oitocentas, novecentas? De jeito nenhum, você está me dizendo que uma imagem vale mil palavras? (Faça o que fizer, não diga nada a minha editora. Caso contrário, ela poderá querer me trocar por uma fotografia.)

Brincadeiras à parte, a expressão técnica é "efeito de superioridade pictórica", e exprime a ideia de que os conceitos são muito mais propensos a serem lembrados se apresentados como imagens em vez de palavras. Até que ponto nos lembramos mais? Bem, quando ouvimos apenas informações, nossa lembrança total é de cerca de 10%, quando verificada 72 horas mais tarde. Mas acrescente uma imagem e esse número dispara a 65%.[1] É uma diferença bem substancial.

Cada meta em que você possa estar pensando no momento está competindo em termos de alguns recursos finitos: tempo, energia, atenção, memória e assim por diante. Um indivíduo – ou uma empresa ou um país – só é capaz de procurar realizar um certo número de metas ao mesmo tempo. Assim, algumas metas são escolhidas e realizadas, ao passo que outras são rejeitadas como lixo nas rodovias de nossos cérebros. E um dos principais determinantes de saber se podemos ou não escolher uma meta para realizar é até que ponto podemos imaginar clara e vividamente essa meta em nossos pensamentos.

Quando se trata de motivar a nós mesmos ou outras pessoas para realizar grandes metas, quem tem as melhores imagens vence. Se sua meta é perder 15 quilos e você tem gravada em seu cérebro uma imagem vibrante e detalhada de como se sentirá ótimo naqueles jeans apertados, uma imagem tão vívida que você a vê no olho da mente toda vez que abre a geladeira, provavelmente será capaz de manter sua dieta e atingir sua meta. Mas se simplesmente não consegue imaginar isso – quer perder peso, mas não consegue visualizar-se fazendo dieta ou exercícios ou estando mais magro –, então é mais provável que sua meta não se realize.

Imagine que sua meta seja duplicar o tamanho de sua empresa. Se é mais fácil para seus funcionários imaginarem a empresa com o mesmo tamanho atual do que imaginar o quão grande a empresa seria 200% maior, eles nunca vão aceitar sua meta (e, provavelmente, vão arrastar os pés a cada passo do caminho). Se você alguma vez ouviu alguém dizer "Não me vejo fazendo isso", o que realmente ouviu foi uma garantia de que essa pessoa jamais estará disposta a fazer o que quer que seja.

Vamos nos divertir um pouco e tentar salvar o mundo da perda de cores. Imagine que você tenha evidências científicas de que o planeta está perdendo a cor e que logo se tornará completamente preto e branco (como se fosse visto num velho aparelho de televisão). Vamos dizer também que lugares remotos da Terra já estão perdendo a cor, que a ocorrência do arco-íris está abaixo de 40% e que você tem projeções matematicamente detalhadas de que todas as cores desaparecerão do mundo dentro de dez anos. Finalmente, imagine que você descobriu que a causa da perda de cor é a coloração dos alimentos. Com todos os alimentos artificiais, como as substâncias que as pessoas comem nos dias de hoje, as cores de aparência tóxica (como o queijo alaranjado--fluorescente e o aroma de framboesa azul-neon) estão sugando todas nossas cores.

Então, agora, como um aspirante a influenciador do mundo, você vai definir uma meta que desafia. Primeiro, você precisa convencer todas as pessoas do mundo de que estamos perdendo nossa cor e, segundo, você precisa convencê-las de que, a fim de reverter a perda de cor, todos precisam parar de comer alimentos com corantes artificiais.

Essa é uma meta muito difícil: convencer as pessoas da necessidade de mudar e depois realmente fazê-las executar a mudança. E qual será seu maior impedimento para isso? Acredite ou não, a parte mais difícil não será levar as pessoas a pararem de comer queijo artificial, será convencê-las de que o mundo está perdendo a cor. (Falarei sobre isso no capítulo "Necessidade", mas se você estivesse convencido de que comer queijo artificial iria matá-lo, pararia de comer sem resistir. No entanto, se se convencesse pouco ou nada dos perigos do queijo artificial, você provavelmente continuaria a comê-lo.) Como você faz que as pessoas o levem a sério quando diz que o mundo está perdendo a cor? Quero dizer, olhando em seu redor ou pela janela, você vê cores? Vá comer uma maçã ou um morango: eles são vermelhos? Qual a cor do céu? Da grama? De seu carro?

O maior obstáculo que você vai enfrentar ao tentar convencer as pessoas de que o mundo está perdendo a cor é que todos podem ver as cores ao redor. Você está tentando criar uma meta que desafia para convencer as pessoas de que o mundo está perdendo as cores, mas seus recursos visuais são péssimos. As pessoas mal conseguem se lembrar da televisão em preto e branco, muito menos imaginar o mundo todo se tornando preto e branco. E se você constrói seu argumento em torno de palavras científicas e fórmulas, isso simplesmente está longe de ser um conjunto de imagens terrivelmente atraentes. Por outro lado, a meta concorrente de negação – não fazer nada e continuar comendo alimentos fluorescentes – tem ótimas imagens; há cores em todos os lugares para os quais as pessoas olham. A ciência está a seu lado. A saúde está a seu lado. Assim também a lógica, a qualidade de vida, fazer o que é certo e muito mais. Mas as imagens não estão a seu lado e, como você aprenderá neste capítulo, os recursos visuais são essenciais. E assim, a menos que você faça algumas sérias melhoras em suas imagens, muitas pessoas não serão motivadas a alcançar essa meta que desafia. O mundo continuará totalmente preto e branco até que alguém se ligue no que você estava tentando dizer.

Este capítulo é intitulado de "Animação", mas existem diversas palavras para representar o processo que é tratado aqui: imaginação, visualização, idealização, projeção e muitas outras. Escolhi a palavra "animação", porque, bem, na verdade, ela se encaixa perfeitamente no modelo da meta que desafia. Sem dúvida nenhuma, é realmente a melhor palavra para esse propósito. "Inspiração, realce, intensificação, dar alma ou vida, dar qualidades reais" são todas definições de animação. E isso é exatamente o que você vai fazer com suas metas.

Uma parte necessária de tornar sua meta tão convincente – tão motivadora, inspiradora e necessária que você moverá céus e terra para realizá-la – é tornar sua meta imaginável. Quanto mais você puder imaginar sua meta, mesmo que apenas em um desenho ou um sonho, mais real ela se tornará. E quanto mais real é uma meta, mais possível ela é e mais você pode concebê-la fazendo parte de sua vida. Assim, torna-se uma meta que você vai fazer quase qualquer coisa para conseguir.

Estimular as partes visuais de seu cérebro causa um impacto profundo em sua consciência. Basta ver quantas pessoas passaram a se apavorar com a ideia de asteroides colidindo com nosso planeta depois de ver isso acontecer na tela do cinema. Ou quantos sujeitos italianos de 1m85 passaram a achar que poderiam se tornar pugilistas pesos-pesados depois de assistir a *Rocky: um lutador*? Na verdade, ainda estou muito convencido de que a luta dele contra Ivan Drago em *Rocky IV* acabou com a Guerra Fria ("Se eu posso mudar e você pode mudar, todo mundo pode mudar").

Não quero dar nenhum clichê do tipo "se você for capaz de imaginar, poderá fazê-lo" porque isso é uma simplificação exagerada. Em vez disso, digamos que, quanto mais você for capaz de imaginar uma meta, mais intensamente ela será codificada em seu cérebro e mais ela irá se insinuar em sua vida e em sua consciência, tornando, assim, a realização dessa meta praticamente uma necessidade.

A SUPERIORIDADE DA IMAGEM

Há muitas maneiras de animar uma meta – para ajudá-lo a imaginar, idealizar e visualizar o que você quer criar em última análise e como chegará lá. Você pode usar imagens reais, desenhos, visualização, recursos mnemônicos e até mesmo uma linguagem cheia de imagens. É claro que em qualquer oportunidade que tiver de usar um recurso visual de verdade (foto, desenho ou outro tipo de imagem) vá em frente e use, porque as imagens são motivadores incrivelmente poderosos.

Deixe-me dar um exemplo pictórico (trocadilho intencional). Pesquisadores da Faculdade de Medicina do Estado de Michigan observaram 234 pacientes do pronto-socorro que haviam sofrido lacerações.[2] Após o tratamento, mas antes da alta, todos os pacientes receberam instruções de como tratar dos ferimentos em casa. Metade dos pacientes recebeu apenas instruções em forma de texto, ao passo que a outra metade recebeu o texto mais imagens (desenhos ilustrando os pontos-chaves do texto). Três dias depois, os pesquisadores telefonaram aos pacientes e perguntaram sobre o sucesso dos cuidados em casa.

Eis os destaques estatísticos dessas chamadas. Primeiro, os pacientes que receberam as imagens tiveram uma lembrança muito melhor das informações fornecidas nas instruções do que o grupo que só recebeu o texto. Quando questionadas, 46% das pessoas que receberam as instruções baseadas em imagens responderam corretamente as quatro perguntas sobre os cuidados com os ferimentos, em comparação com apenas 6% das pessoas que receberam as instruções somente na forma de texto. Além disso, os pacientes que receberam as imagens apresentaram adesão 43% maior às instruções sobre os cuidados dos ferimentos do que o grupo só de texto. E, sem grande surpresa, mais de 24% do grupo com imagens realmente leu todas as instruções em primeiro lugar.

Sei que este é um livro sobre metas, mas as imagens realmente irão ajudá-lo a gravar tudo em seu cérebro – mesmo algo tão corriqueiro como lembrar-se das senhas de seu computador. Um estudo realizado na Califórnia analisou a lembrança de senhas de computador.[3] A maioria das pessoas escolhe senhas realmente ruins para suas contas on-line. Na maioria dos casos, se você conhecer um pouquinho sobre a pessoa, será capaz de adivinhar suas senhas. Por exemplo, digamos que você tem um amigo, Bob, que gosta de vinho. Poderiam ser necessárias apenas algumas tentativas para você descobrir a senha dele, "merlot". Mas com que facilidade você chegaria a "S@uvignon9823"?

Obviamente, a última é a melhor escolha. Acontece que Bob não só será mais propenso a usar a primeira, ele provavelmente a usará também em todas suas contas (e-mail, cartões de crédito, serviços bancários, Facebook e assim por diante).

Os pesquisadores desse estudo consideraram diversas maneiras de ajudar as pessoas a criar e lembrar-se de senhas mais seguras e complexas. Os indivíduos do estudo foram convidados a desenvolver uma série de senhas melhores (elas precisavam ter pelo menos oito caracteres de extensão e pelo menos uma letra em maiúscula e minúscula, um dígito e um caractere especial). Esse tipo de senha pode parecer difícil de lembrar, mas os indivíduos também receberam ferramentas de auxílio à memória, incluindo técnicas mnemônicas baseadas em imagens e textos.

Quanto aos recursos mnemônicos baseados em imagens, os indivíduos aprenderam a olhar para uma foto, pegar os dados pessoais e transformar esses detalhes em uma senha. Por exemplo, uma mulher com a foto do namorado poderia olhar para ele e dizer: "Eu amo Matt". Com isso, ela poderia criar uma senha como EuAm0M@tt. Essa é uma senha muito difícil de decifrar e também muito fácil para ela se lembrar (a não ser, é claro, que brigue com Matt em breve).

Provavelmente, você já pode imaginar como isso terminou. O grupo com recurso mnemônico baseado em imagem superou significativamente o grupo com recurso mnemônico baseado em texto. Suas senhas foram mais complexas e, portanto, menos decifráveis e, fosse em 10 minutos ou uma semana, levavam menos tempo para ser lembradas. Também precisaram de menos tentativas para se lembrar das senhas e se esqueciam menos delas.

Então, o que precisamos saber nesse caso? Basicamente, que a animação – imagens, recursos visuais, fotos, gráficos e coisas do gênero – é essencial para nos ajudar a lembrar e interpretar informações. Se você quiser uma meta indelevelmente gravada em seu cérebro, tão vibrante e viva em sua mente que não poderá deixá-la de lado ou esquecê-la, precisará animá-la. Sempre que possível, tire proveito do poder das imagens.

A propósito, essa não é uma situação do tipo ou isto ou aquilo. Não vamos todos de repente deixar de usar palavras e números e começar a desenhar imagens (abandonar a linguagem e reverter aos desenhos em cavernas não é exatamente um passo evolutivo à frente). Palavras e imagens não são inimigas. Ao contrário, são grandes amigas que trabalham juntas para dar a nossos pensamentos e experimentos e, especialmente, nossas metas um significado profundo. Juntas, elas nos ajudam a acreditar em nossas metas e a nos obrigar a agir. "O processamento de informações visuais é o sentido primordial que nosso cérebro usa para interpretar o significado da linguagem", diz Nanci Bell, uma das mentes mais brilhantes na expressão e compreensão da linguagem. "Nosso sentido visual, na forma de imagens visuais, integra-se a uma linguagem mais fácil e eficiente do que os outros quatro sentidos."[4]

Às vezes não é possível mostrar um visual real. Voltando a nosso exemplo anterior, no qual tentávamos convencer o mundo do problema da perda de cores, nem sempre você poderá recorrer a gráficos e cartazes. Se estiver fazendo um discurso para milhares de funcionários na fábrica ou segurando uma taça de bebida em uma festa, fazer um desenho poderá parecer inconveniente. Mas com certeza você pode usar suas palavras para coordenar as imagens e produzir uma ótima imagem visual na mente das pessoas.

Os grandes políticos são mestres em falar visualmente. Em 1961, o presidente Kennedy fez um discurso em uma sessão conjunta do Congresso para discutir seus planos de mandar um homem à Lua. Sem dúvida, você deve ter ouvido falar ou lido a frase dele: "Acredito que esta nação deva se comprometer em realizar, antes do final desta década, a meta de colocar um homem na Lua e retorná-lo em segurança à Terra".

Nos degraus do Lincoln Memorial, Martin Luther King Jr. disse: "Eu tenho um sonho de que um dia nas colinas vermelhas da Geórgia os filhos de antigos escravos e os filhos de antigos proprietários de escravos poderão sentar-se juntos à mesa da fraternidade".

A narração do famoso anúncio da reeleição de Ronald Reagan em 1984 começava assim: "É de manhã de novo na América. Hoje, mais homens e mulheres do que nunca na história de nosso país estão indo para o trabalho. Com taxas de juros em cerca de metade dos recordes de 1980, aproximadamente 2 mil famílias vão hoje comprar uma casa nova, mais do que em qualquer momento dos últimos quatro anos. Esta tarde, 6.500 homens e mulheres jovens vão se casar e, com a inflação a menos de metade do que era há apenas quatro anos, poderão olhar para a frente com confiança no futuro".

Em cada um desses exemplos, você pode literalmente imaginar em sua mente as palavras que estão sendo proferidas, criando uma versão animada do que está sendo dito. Você consegue imaginar o homem na Lua? Consegue visualizar um ex-escravo e um ex-dono de escravos sentados juntos? Se fechar os olhos, você pode imaginar como seria uma bela manhã nos Estados Unidos? Você e milhões de outras pessoas poderiam ver essas imagens e essa é uma das razões pelas quais esses grandes líderes ocupam seu lugar na história.

TORNE SUAS METAS VISUAIS

Brian Scudamore não havia terminado o colegial quando conseguiu entrar em uma faculdade. Se você já passou pelo processo de ingresso na faculdade, por si mesmo ou para seus filhos, então sabe que esse é um feito impressionante. Mas e quanto ao fato de ele, depois de ter ingressado na faculdade, ter abandonado o ensino superior um ano antes da formatura para construir um império a partir de uma porção de lixo?

Scudamore abriu a 1-800-Got-Junk (que, como o nome da empresa indica, é especializada na remoção de lixo) em 1989 com apenas US$ 700 e uma caminhonete velha e amassada. Nos primeiros cinco anos, ele aumentou sua receita de US$ 201.532 para US$ 8.057.563. O segredo por trás de seu sucesso estrondoso? "Tenha uma visão clara", diz Scudamore. "Saiba como será o futuro, sinta isso e aja de acordo. (...) Siga essa imagem como se ela já tivesse acontecido. (...) [Então] compartilhe-a com sua equipe, para que todos possam vê-la e façam o que for preciso para alcançá-la."[5] Em outras palavras, crie uma imagem de sua meta.

Uma maneira pela qual Scudamore dá vida a suas visões é com o uso de uma "parede de visões", uma grande parede de verdade no escritório da 1-800-Got-Junk na casa dele, ou, como ele a chama, "Junktion" (uma espécie de "ponto de convergência"). "Se você não for capaz de ver sua visão se tornar realidade, nunca terá fé suficiente nela para alcançá-la", declarou Scudamore à revista *Profit* em 2008. As aspirações da empresa registradas no Muro da Visão da 1-800-Got-Junk incluíam a meta de aparecer no programa da Oprah – algo com que muitos proprietários de pequenas empresas sonham, mas que Scudamore realmente fez acontecer.

E não são apenas as ideias do CEO que são registradas sob a placa em que se lê: "Você pode imaginar?". Os funcionários são incentivados a apresentar suas visões também. A gerente de marketing Andrea Baxter fez campanha para que sua ideia sobre "Você pode imaginar nossa marca aparecendo nas xícaras da Starbucks em toda parte?" ganhasse um espaço na parede. Parecia uma missão impossível, uma meta que desafia que até mesmo Scudamore pensou ser muito difícil de realizar. Mas Baxter insistiu que via isso acontecer, e assim ela foi parar no muro.

Como resultado (e graças a um enorme esforço da parte de Baxter), a citação de nº 70 nas xícaras da série "The Way I See It" (É assim que eu vejo) da Starbucks pertence a Scudamore e à 1-800-Got-Junk. Ela diz: "As pessoas têm dificuldade de se livrar do lixo. Elas se apegam às coisas e as deixam definir quem elas são. Se há uma coisa que aprendi nesse negócio é que você é aquilo de que não consegue abrir mão". Baxter não conseguiu abrir mão de sua visão. Ela se tornara parte integrante de seu ser e assim ela foi capaz de pensar com sucesso no que era possível. A propósito, o episódio das xícaras acabou se traduzindo em cerca de 10 milhões de xícaras que chegaram às mãos de todos os clientes da Starbucks na América do Norte. Uma visão nada desprezível para se realizar.

Então, como é que você vai animar suas metas que desafiam? A resposta é: comece com simplicidade, com uma imagem. Não importa se você não souber desenhar (eu com certeza não sei). Juntos, vamos criar uma visão totalmente animada de sua meta, uma visão que ganhe vida em sua mente. Uma visão que seja tão nítida que você vai jurar que já alcançou sua meta.

Eis como funciona: se sua meta for perder peso, imagine como ficará seu corpo, como vai senti-lo e mover-se com o peso pretendido. Por exemplo, como será abotoar sua calça jeans e ainda sobrar espaço na cintura? Você se imagina num momento de orgulho em silêncio, ou se vê saindo para a sala para mostrar todo exuberante para quem estiver em casa? Se sua meta for parar de fumar, você poderá visualizar-se brincando dinamicamente com seus filhos. Talvez esteja pedalando uma bicicleta nas montanhas com a família ou pegando ondas numa praia. Você estão todos juntos, rindo, molhados, com um pouco de frio, mas quem se importa? E o melhor de tudo, você respira fundo e sente-se muito bem. Ou sua meta animada pode ser mais solitário: só você, sentado ao sol da manhã, apreciando uma xícara de café sem um cigarro. Até que ponto essa visão faz você se sentir incrível?

Você pode criar uma imagem mental bem nítida de si mesmo secretamente pulando de alegria como um lunático nas escadas do trabalho depois de receber aquela promoção pela qual tanto esperava. Que tal abraçar os amigos ao cruzar a linha de chegada da maratona? Você pode sentir o suor escorrendo pelas costas? E que tal visualizar a refeição suculenta depois da corrida que não podia mais esperar para pedir em seu restaurante favorito e mastigá-la com gosto? Ou talvez sua meta seja a aposentadoria no campo. Você é capaz de sentir a grama verde sob seus pés e inalar o cheiro maravilhoso vindo do mato ali perto? Como você se sente emocionalmente ao perceber que, daqui por diante, o tempo será 100% seu?

Não importa o que você pretenda realizar com sua meta, anime-a desde já nos mínimos detalhes. Se sua meta for duplicar a participação de mercado de sua empresa, talvez você imagine... Bem, hã, isso é difícil. E nesse caso você pode começar a ver um problema em muitas metas. Muitas metas, especialmente nos âmbitos empresariais ou financeiros, são abstratas demais para serem transformadas em imagens. E esse é um grande problema, já que passei várias páginas mostrando todas aquelas ótimas pesquisas sobre como precisamos visualizar.

A NECESSIDADE DE ESPECIFICIDADE

No mundo empresarial especialmente, muito se tem feito em torno da necessidade de ter metas específicas, e eu não poderia concordar mais. O problema é que, quando uma porção de gente fala sobre especificidade, o que todas essas pessoas realmente querem dizer é que a meta precisa ser representada em números. E eu sinto muito dizer que, se você não começar com uma imagem, esses números irão proporcionar uma sensação muito falsa de especificidade.

No início da década de 1990, a Sears atribuiu a seu pessoal de consertos de automóveis uma cota de receita de US$ 147 por hora. Muito específico, certo? Bem, acontece que não foi específico o bastante, porque os integrantes da equipe começaram a se sobrecarregar de trabalho e a fazer reparos desnecessários. O então presidente Edward Brennan reconheceu que o "processo de estabelecimento de metas [da Sears] para os profissionais de serviços criou um ambiente no qual ocorreram erros".[6]

A American Airlines sempre teve uma reputação de metas específicas, até o nível de departamento – e até mesmo de indivíduo. Se um avião se atrasasse, a American queria saber de quem era a culpa. Assim, quando um avião se atrasava, qual era a reação dos funcionários? Eles se certificavam de não serem culpados por não terem atingido sua meta. Ah, é claro, o avião poderia ficar na pista por um tempo, tornando sua vida infeliz como passageiro, mas o agente do portão atingira sua meta específica. Muito bem! Por outro lado, uma companhia aérea como a

Southwest Airlines considera um "atraso da equipe". Ela não se importa muito com a atribuição de um atraso a um indivíduo; em vez disso, ela se preocupa em colocar o avião no ar para os clientes e depois descobrir como evitar atrasos no futuro.

Se alguém escolhe um número sem primeiro criar uma imagem, é como tirar o corpo fora. Não é específico. Ser específico é você poder me dizer todas as nuanças que esse número representa no mundo real. Eu posso escolher números a esmo o dia inteiro, mas eles não me dizem coisa nenhuma a menos que eu saiba o que eles significam. Pense nisso. Qual companhia aérea tem metas verdadeiramente mais específicas? Aquela com números atribuídos a cada indivíduo? Ou aquela com menos números, mas uma imagem bem clara do que o cliente deve estar passando?

Chamo a isso de "ilusão da especificidade". É a situação em que temos números atribuídos a nossas metas, mas não sabemos que diabos eles representam. Parecem bons, soam bem, mas não significam nada. Os funcionários da Sears tinham um número específico, mas não uma compreensão específica do que esse número realmente significava. Você se lembra do último capítulo, quando disse como os executivos da GM usava bótons com o número "29" como um lembrete constante da grande meta da empresa de 29% do mercado dos EUA? E então notei que ninguém iria desenvolver uma ligação emocional profunda com um número? Bem, não só isso é verdade, mas há outro problema também: é muito difícil criar uma imagem marcante em torno de um número abstrato, como um índice de participação de mercado. E se você não puder criar uma imagem marcante, realmente não terá uma meta – e uma meta marcante de que você não consegue se lembrar nunca se realizará.

O sucesso numérico (tal como a duplicação da participação de mercado) é um epifenômeno. O que isso significa? Significa que é "o resultado de" uma outra coisa. Se a GM atingisse seus 29% do mercado, teria sido "o resultado de" uma outra coisa, como ter carros que as pessoas queriam comprar, feitos sem nenhum defeito, por funcionários engajados e produtivos, e vendidos por distribuidores que tinham vendedores brilhantes e um serviço de atendimento ao cliente de alto nível. E, não por coincidência, eu poderia criar imagens muito concretas para qualquer um desses outros fatores muito mais facilmente do que para a participação de mercado de 29%. Sério, se lhe desse um lápis e papel, o que seria mais fácil desenhar – um atendimento ao cliente de alto nível, um projeto do carro mais avançado e clientes empolgados, ou 29% do mercado? Eis meu verdadeiro teste de especificidade: meus filhos seriam capazes de desenhar qualquer coisa, exceto os 29%. Se uma criança de 6 anos é capaz de desenhar uma imagem de sua meta, ela é específica. Se não, a meta precisa ser mais trabalhada.

Agora vamos ser claros: não estou dizendo que você não precisa de números. Ao contrário, grandes empresas como Apple, Google, Starbucks, todas usam números mas mantêm milhões de pessoas alinhadas, empolgadas, apaixonadas e dedicadas, porque criaram imagens por trás desses números que são imediatamente acessíveis à mente de cada funcionário, cliente e investidor. Os números são instrumentos de medida confiáveis e fáceis para ver quanto progresso se fez no sentido de realizar a meta em sua imagem. Mas eles são um meio para um fim, não o fim em si. É a meta em sua imagem que realmente representa seu fim.

Qual é a meta do iPod da Apple? Como disse Steve Jobs, quando o iPod foi lançado, é como ter "mil músicas em seu bolso". Você nota que a Apple usou um número, mas era um número concreto. (Posso facilmente imaginar mil músicas, em CDs, flutuando no ar e depois se recolhendo a meu iPod, você não pode?) E depois, é claro, há o MacBook Air, também conhecido como "o notebook mais fino do mundo". Parece delgado, mas ainda é um conceito bastante sólido para mim. Fim de papo.

O mesmo se aplica a quando os fundadores do Google, Sergey Brin e Larry Page, entraram na empresa de capital de risco Sequoia para obter financiamento para sua empresa do mecanismo de busca da internet. Eles disseram que a meta do Google era "proporcionar o acesso às informações mundiais em um clique".[7] Ou considere como o fundador da Starbucks, Howard Schultz, descreveu a meta de sua empresa: "A Starbucks cria um terceiro lugar entre o trabalho e o lar". Nas melhores empresas, você verá que suas metas se parecem um pouco com seu marketing, que se parece muito com sua visão. Os funcionários, clientes, investidores e a imprensa podem imaginar vividamente as metas da empresa. Em uma frase, eles têm a "coerência da mensagem".

Em cada um dos exemplos anteriores, posso imaginar concretamente a meta proposta. Posso ver (e ouvir) alguém clicar em um mouse no Google. Posso imaginar como é esse "terceiro lugar" da Starbucks e até o cheiro penetrante do café em grão e quão feliz os rostos das pessoas vão parecer ao perceberam que têm um lugar. E posso certamente imaginar o notebook mais fino do mundo agora mesmo pensando em com seria tê-lo em minhas mãos.

Pense na parede de visões da 1-800-Got-Junk. Além de metas de vendas, Scudamore e sua equipe abarcam imagens mentais de metas, como aparecer na Oprah, um gráfico organizacional relacionando posições que nem sequer existem ainda ou um mapa de todas as cidades em que eles estariam e nas quais ainda não entraram. Eles viram tudo tão claramente como se já tivesse acontecido e, em seguida, trabalharam no sentido de tornar essas visões realidade. Esses tipos de metas que desafiam raramente são realizados com ideias abstratas. No entanto, fortaleça essas metas com algum pensamento animado e você estará no caminho certo. Posso não saber como é a imagem de US$ 100 milhões, mas posso imaginar como seria o entrar no palco depois de ser apresentado pela Oprah. Também posso ouvir o rugido da multidão (tudo bem, sou um grande sonhador) e imaginar como estaria animado e nervoso. Assim como posso imaginar um gráfico organizacional expandido e ter uma franquia em Pittsburgh. E, se posso imaginá-la, é muito mais fácil para mim construir alguma emoção sobre como seria consegui-la.

E quanto às empresas que são absolutamente apegadas a suas planilhas e seus formulários on-line que oferecem apenas um espaço para um único número para descrever sua meta? Um de nossos clientes, uma divisão estadunidense de uma empresa europeia, tinha um software aplicativo para a gravação de suas metas que só dava às pessoas um pequeno espaço em branco para a introdução de um número. Os líderes da empresa-mãe não queriam descrições escritas vividamente, eles queriam um número no estilo GM. (Acho que eles estavam realmente esperando que todos pudessem escrever "29%".)

Portanto, considerando tudo o que acabamos de aprender, o que essa divisão fez? Bem, os líderes não eram grandes fãs de cometer suicídio profissional, portanto eles se transformaram em um caso de teste. Primeiro, preencheram os formulários on-line com um número, com o software necessário. Mas depois todo mundo, incluindo o CEO, digitalizou suas imagens da meta desenhadas à mão e, com o aval da empresa, vincularam-se esses arquivos de imagens digitalizadas a suas metas no sistema de software. E depois, é claro, pregaram as imagens em seu escritório ou paredes das baias e fizeram tudo o que venho falando neste capítulo. A propósito, eles vão passar a adotar o uso de metas "animadas" em algumas outras regiões no mesmo ano. Por quê? Essa é a única divisão em todo o mundo em que mais de 90% dos gerentes atingem suas metas mais exigentes. (Todas as outras divisões estão abaixo de 30%.)

É claro, tudo o que acabei de dizer sobre as metas nas empresas aplica-se a outras metas, como saúde pessoal, poupança ou aposentadoria. Qualquer meta, seja ela pessoal ou profissional, que permaneça estritamente abstrata nunca produzirá o mesmo tipo de resultado e estimulação do processo como as metas que são animadas.

"Dois anos atrás, nunca sonhei que estaria definindo metas de velocidade e de distância em minha prática de natação", diz Ivy Lynn, uma professora aposentada na casa dos 50 anos. "Naquela época, estava me recuperando de uma operação de quadril e me mortificando para saber se voltaria a andar normalmente". A natação, um esporte em que Ivy nunca tinha pensado, fez parte de seu processo de reabilitação. "Eu me apaixonei por estar na água", diz ela, afastando os cachos louros para revelar os olhos brilhantes de empolgação. "Alguma coisa aconteceu de repente, quando parei de me ver como uma inválida e comecei a me imaginar, sim, aos 51 anos, praticando natação. Mal conseguia subir os degraus da porta, na época, mas me vi claramente como uma nadadora.

"De repente, eu estava dizendo às pessoas: 'Vou ser uma nadadora de competição', e todo mundo me olhava, mancando com meu andador, como se fosse louca. Até meu marido revirava os olhos para mim". Ivy definiu sua meta em movimento, criando uma colagem de imagens inspiradoras, sua própria versão de um quadro de visões. "Recortei uma porção de imagens de água, pessoas nadando, nadadores famosos, e coloquei-as todas sobre um pedaço de cartolina. Era o tipo de coisa que obrigava meus alunos a fazerem quando estava ensinando. Provavelmente parece louco, mas conseguia me ver em cada uma daquelas imagens, até meu corpo de nadadora vencedora, que definitivamente não tinha na época."

Ivy competiu pela primeira vez no mês passado. Chegou em quarto lugar. "Não estou dizendo que é a Olimpíada, essa nunca foi minha meta. Só queria ser a melhor nadadora que pudesse ser, e é exatamente nisso que me vejo trabalhando a cada dia", diz ela. Faz algum tempo desde que Ivy criou seu quadro de visões; ela agora passa o tempo muito ocupada com seu treinador. Mas outro dia ela parou em uma papelaria para comprar uma folha de cartolina. "Eu tenho um plano", diz Ivy, "uma nova meta. Quero nadar nas águas de todo o mundo. Tal como o mar Morto e o mar Arábico, ouvi dizer que em alguns lugares tem a água mais linda, da cor de esmeralda. Então, estou juntando algumas imagens para me ajudar a me inspirar para que isso aconteça. Disse a meu marido na noite passada que ele deveria começar a pensar sobre fazer as malas para ir ao Iêmen por volta de julho. Ele acha que estou brincando, mas, francamente, ficarei muito surpresa se isso não acontecer. Já posso me ver lá."

REGRAS PARA CRIAR UMA IMAGEM

Assim como Ivy, quando você começa a criar uma meta animada em sua cabeça, não precisa usar palavras. Você vai adicioná-las mas, em primeiro lugar, comece a pensar exclusivamente sobre a representação visual da meta. Depois de conseguir essa imagem, comece a adicionar alguns detalhes para torná-la realmente vívida em sua mente.

Criei as nove dimensões a seguir para ajudá-lo a realmente dar vida a sua meta, concentrando-se em diferentes aspectos da representação visual ou na imagem da meta. (Não espero transformar todo mundo em artista, mas essas questões não são diferentes do que um professor de arte poderia pedir a um aluno.) Vamos começar com o que é mais concreto e depois passar para os detalhes mais sutis.

- **Tamanho:** Até que ponto sua imagem é grande ou são grandes as coisas que você vê na visualização da meta? Você está morando em uma casa de praia pequena ou grande? Sua invenção "melhor do que o iPad" é maior do que o Kindle? Seu carro elétrico moderníssimo é do tamanho de um Lumina ou de um Escalade? Quantos metros quadrados tem sua cafeteria como "terceiro lugar"? Ela é maior ou menor do que sua cozinha em casa?
- **Cor:** Que cores você vê? A cor é especialmente importante para conferir um significado e uma emoção a suas metas. A cor nos afeta individualmente em um nível inconsciente muito profundo. Mesmo uma única cor pode afetar radicalmente nossos humores, percepções e pensamentos. Portanto, considere atentamente a imagem de sua meta para ver tudo o que ela contém. Por exemplo, sua pele está bronzeada depois de perder todo aquele peso, já que agora você está passando mais tempo de maiô à beira da piscina? Ou quão azul é o mar em frente a sua nova casa de praia? Você pode até mesmo decidir enfatizar certas características de sua meta com cores especiais para criar mais empolgação. Ou minimizar alguns aspectos que poderiam intimidá-lo, definindo-os em preto e branco. Se a torta de morango é seu ponto fraco na dieta, vê-la apagado em preto e branco poderá ajudar (tornando-a muito menos apetitosa) em vez de encarar aquela aparência apetitosa do creme com os morangos vermelhos.
- **Formato:** Quais formas são visíveis? A forma também nos influencia a sentir emoções. Na verdade, os cientistas vêm estudando os efeitos dos triângulos da "raiva" e dos círculos "carinhosos" desde os anos 1940. Sua barriga está mais redonda ou mais angulosa depois de perder os 15 quilos? Não sei quanto a você, mas a imagem de uma barriga lisa certamente dá um novo impulso a meu ritmo e me ajuda a continuar dizendo não aos alimentos "proibidos". Tem sido atribuída a Henry Moore, o famoso escultor, a seguinte declaração: "Nosso conhecimento da forma e do formato continua sendo, em geral, uma

mistura de experimentos visuais e táteis. (...) A criança aprende sobre o arredondado da bola muito mais brincando com ela do que de olhar para ela". Portanto, não basta ver as formas em suas metas: sinta-as. Elas são lisas ou ásperas, pesadas ou leves? Se sua meta for ser mais organizado, qual é a sensação de passar a mão sobre o plano liso do tampo de sua mesa, sem bagunça para bloquear seus movimentos?

- **As partes distintas:** Quantas peças diferentes e distintas compõem o todo de sua meta e como essas peças se encaixam ou funcionam em conjunto para criar o resultado que você deseja? Digamos que sua meta seja conseguir um aumento de salário no trabalho. Primeiro, você talvez precise fazer algumas mudanças em sua ética de trabalho, quem sabe investir em algumas horas extras ou fins de semana ou assumir um projeto especial. Talvez a partir daí suas vendas aumentem ou você tenha sucesso na revisão de um departamento em dificuldades. Em seguida, haverá o inevitável encontro com o chefe para discutir seus feitos e qual você acha que seria uma recompensa adequada. Por fim, haverá o dia da chegada de seu salário com aumento e como você vai comemorar essa conquista. O que será que o dinheiro extra significa para sua vida, para sua família? Será que vai permitir que você se mude para uma casa maior ou tire férias mais frequentes? Quem sabe você decida aplicá-lo em fundo de educação para a faculdade de seus filhos e realmente não sentirá nenhuma diferença por mais quinze anos. E, finalmente, como esse aumento faz você se sentir sobre si mesmo por ter realizado essa meta?
- **Cenário:** Onde acontece sua imagem? Assim como em um grande romance, a definição de sua meta irá influenciar os resultados. Estou falando de mais do que apenas um aposento ou um lugar. A estação do ano, as horas, os objetos, o clima e muito mais podem fazer parte da definição de sua meta. Um porção de metas de dieta de sucesso foi criada em torno da visão ameaçadora da estação em que se vai usar maiô. Onde sua meta acontece, qual é a aparência dela e qual seu cheiro? Será que ela parece relaxada, comemorativa ou até mesmo um pouco assustadora ou triste? Às vezes, realizar nossas metas significa abrir mão de coisas do passado que, enquanto aceitamos, nunca superaremos completamente. Como ex-fumante, admito, sempre

vou sentir um pouco a falta da ação da nicotina em meu corpo. E apesar de meus pensamentos, sentimentos e estados de espírito serem muito mais felizes sem essa toxina, há momentos em que lamento sua perda. Não é uma coisa ruim, é apenas a realidade.

- **Pano de fundo:** O que está acontecendo no segundo plano? Em imagens assim, outras metas inconscientes começam a se infiltrar ao fundo, tornando sua meta mais importante e aumentando assim sua vontade de realizá-la. "É claro, quero duplicar as vendas; mas por que preciso de uma plateia, que vibra quando anuncio nossos números de vendas? Ah, certo, porque uma de minhas metas não declaradas é meu sincero desejo de ser querido?"
- **Iluminação:** Descreva a iluminação. Se você já vivenciou a tristeza do inverno, então sabe como a iluminação pode ser importante para determinar seu humor e seu nível de energia. Isso não quer dizer que todas suas metas precisem acontecer em salas bem iluminadas ou ao sol, a fim de serem eficazes. O que você imagina pode só ser possível durante a noite ou na chuva ou na neve. Se sua meta for esquiar à noite, você estará desperdiçando seu tempo ao imaginar-se subindo pelo teleférico ao amanhecer.
- **Emoções:** O que você está sentindo? E, se houver outras pessoas na imagem, o que elas estão sentindo? E como você sabe? Que expressões faciais, linguagem corporal ou outras indicações você vê? Quando Mary, uma sobrevivente ao câncer de mama, viu-se mais uma vez bem e participando de sua primeira Corrida para a Cura, imaginou o marido e a filha torcendo por ela na calçada. Ela também foi capaz de imaginar exatamente como seria incrível a sensação no momento em que cruzasse a linha de chegada. Mas também se concentrou em como seria a sensação de saber que havia ajudado a arrecadar dinheiro para outras mulheres como ela, e que talvez seus esforços fizessem uma diferença na vida de outras pessoas.
- **Movimento:** Em sua imagem, você ou outras pessoas estão fazendo alguma coisa? Não é uma pergunta difícil se sua meta for de ação, como aprender a esquiar ou dominar a culinária francesa. Mas e quanto às metas mais sedentárias? Que tipo de movimentos você encontrará em uma meta para ser mais astuto com seu dinheiro,

dormir mais ou ter mais paciência? Eles existem, você só precisa se concentrar um pouco mais para vê-los.

Não estou pedindo que você pense em todos os vários aspectos porque quero que fique preso ao aspecto artístico. Pelo contrário, estou fazendo isso para maximizar sua neuroanatomia: seu sistema nervoso. Nós, seres humanos, somos evolutivamente ligados aos estímulos visuais, não textuais. Só continuamos existindo porque nos tornamos suficientemente hábeis no reconhecimento visual de perigos como tigres-dentes-de-sabre escondidos em cima de pedras ou na grama – e depois usando as mesmas habilidades visuais para inventar uma proteção na forma de lanças, flechas e coisas parecidas.

Brent Hardgrave é um dos maiores cabeleireiros do mundo. Ele foi o primeiro estadunidense a ter a honra de receber o prêmio de Artisan Internacional (Artesão Internacional) da Haircosmetics Keune. E, sem saber, você provavelmente já viu o trabalho dele em todo tipo de casamento em páginas de revistas de celebridades.

Ele inovou uma técnica em particular: o corte de cabelo a seco. Correndo o risco de incorrer em um estereótipo, as mulheres que lerem isso provavelmente saberão do que estou falando melhor do que os homens. Então, amigos, deixem-me colocar desta forma: uma das vantagens de escrever livros é poder fazer um ocasional *test-drive*. Brent cortou meu cabelo usando essa técnica e, quando cheguei em casa, minha esposa deu uma olhada para mim e, bem, vamos apenas dizer que foi bom as crianças não estarem por perto. Então, minha esposa pediu ao Brent para cortar o cabelo dela, e ficou tão entusiasmada com ele que, quando ela chegou em casa, bem, Brent tornou-se meu novo melhor amigo.

Então, voltemos à técnica inovadora de corte de cabelo. Brent me disse: “Eu era capaz de imaginar o corte perfeitamente. Sabia como seguraria a tesoura, como moldaria o cabelo, o que aconteceria com cada fio de cabelo”. Brent imaginou sua nova técnica de forma tão clara na mente que percebeu que enfrentaria um obstáculo enorme: as tesouras normais simplesmente não permitiam que fizesse o que precisaria fazer. É nesse momento que uma porção de potenciais inovadores (pessoas ou empresas) desiste; muitas pessoas são viciadas na ideia de isso não pode ser feito. Mas não inovadores como Steve Jobs, Jeff Bezos ou, neste caso, Brent Hardgrave.

Equipado com a imagem perfeita do que precisava (primeiro mental, depois material), Brent projetou a tesoura certa para seu novo corte e depois chamou um fabricante de tesouras. Aconteceu que o fabricante que ele chamou estava desenvolvendo um protótipo de tesoura semelhante, mas ainda não tinha conseguido chegar "lá". Então eles somaram suas visões e assim nasceu um novo tipo de tesoura curva. Ela foi lançada em pouco tempo (ainda durante a redação deste livro) e já está gerando muita agitação no setor. A imagem mental perfeita de Brent tornou-se uma realidade para seus clientes (entre os quais, por razões óbvias, incluímo-nos agora também minha esposa e eu).

O biólogo molecular João Medina informa-nos que exatamente nesse momento nossa visão em cores e nosso olfato estão competindo entre si por um "controle evolutivo" (para definir qual será o primeiro sentido envolvido quando acontece algo no mundo exterior).[8] Além disso, a visão está ganhando: "cerca de 60% de nossos genes relacionados ao olfato foram permanentemente danificados nessa arbitragem neural e eles estão marchando em direção à obsolescência a uma taxa quatro vezes mais rápido do que qualquer outra espécie da amostra". Por quê? Como os córtices visual e olfativo ocupam uma porção de espaço, algo precisa ceder.

Se até mesmo desenhar um bastão faz você começar a suar frio, pode pensar em criar o que muitas vezes é chamado de uma "parede de visões" (em ambientes empresariais) ou "quadro de visões" (em nível pessoal, como no caso da nadadora Ivy). Uma parede ou quadro de visões é basicamente uma forma de criar imagens para as pessoas que têm pavor de desenhar (ou para quem tenha uma meta hiperespecífica, como aparecer na Oprah). Em vez dar tratos à bola, você pega uma parede ou uma folha de papel e começa a colar fotos, imagens, anotações ou qualquer outra coisa que ajude a visualizar sua meta. Se você já folheou uma revista e sentiu-se atraído por uma cor, uma textura ou uma imagem de algo que nunca tinha visto antes, então já experimentou a força do subconsciente. Seu quadro de visões não precisa fazer um sentido claro para ninguém além de você. Em outras palavras, não há certo ou errado. A meta é sua e você pode vê-la como quiser.

Portanto, se tiver um pendor artístico, vá em frente e comece a esboçar ou pintar; caso contrário, pesquise em revistas e use tesoura e cola. Não pense muito sobre o que está tentando criar, siga mais seus instintos do que a cabeça. Você pode sempre refazer e aperfeiçoar seu quadro, quando a visão de sua meta se tornar mais definida. Por enquanto, você está apenas tentando tomar pulso de tudo – as cores básicas, as formas, os tamanhos e as emoções.

PERSPECTIVA DE QUEM?

Realmente, quero você exercite de fato essas habilidades visuais – de novo, não para desenvolver seu talento artístico, mas para ter uma imagem de sua meta gravada na memória. Os que já trabalham com arte vão notar que não mencionei a perspectiva. Isso porque a perspectiva merece uma menção especial. Imagine que você acabou de criar uma imagem altamente detalhada de si mesmo tendo alcançado sua meta de perda de peso (um corpo bonito, digamos). Agora a pergunta é: como você se vê? Você está olhando para a imagem de si mesmo de fora de si mesmo (como seu cônjuge, um amigo ou até mesmo um estranho olhando para você)? Ou está olhando através de seus próprios olhos (como se estivesse olhando para si mesmo no espelho)? Parece uma diferença semântica, não é? Acontece que a diferença é muito maior do que você pensa.

Alguns pesquisadores da Universidade de Oxford deram aos indivíduos participantes de uma pesquisa cem diferentes mensagens positivas (do tipo: “É sábado de manhã – o fim de semana está começando...”) e pediram-lhes para fazer um exercício de visualização, imaginando-se numa determinada situação. Os indivíduos foram separados em grupos e dois grupos receberam a incumbência de imaginar-se ou a partir de uma perspectiva em primeira pessoa (olhando através de seus próprios olhos) ou a partir de uma perspectiva de uma terceira pessoa (olhando para si como se visse através dos olhos de outra pessoa). As pessoas que se imaginaram olhando-se com os próprios olhos relataram reações significativamente mais positivas do que as que se viram através de uma perspectiva de terceira pessoa.

É claro, isso também funciona no outro sentido. Os pacientes com transtorno de estresse pós-traumático relatam menos ansiedade quando recordam os eventos traumáticos a partir da perspectiva de terceira pessoa. Evidentemente, a perspectiva de terceira pessoa é útil para pegar as imagens assustadoras ou traumáticas e torná-las menos assustadoras ou traumáticas retirando toda sua força emocional. É claro, essa é uma faca de dois gumes, pois em estudos de pessoas deprimidas, quando elas recordam memórias autobiográficas, ocorrem muito mais perspectivas de terceira pessoa do que entre pessoas que nunca estiveram deprimidas. Isso implica que as pessoas deprimidas usam sem saber o poder da perspectiva de terceira pessoa de maneira errada, porque retiram todas as emoções de felicidade de suas imagens mentais.

Ao criar uma imagem mental de suas metas, é importante usar a perspectiva de primeira pessoa. Afinal, essa é sua história, sua meta, e ninguém além de você está qualificado para animá-la. Se olhar para seu corpo já esbelto, faça-o como se estivesse olhando para si mesmo no espelho e não como será visto por seu cônjuge ou parceiro ou amigos. Se acabou de lançar seu produto superinovador e surpreendente, procure ver-se em pé no pódio olhando para a plateia ou olhando para o produto que tem nas mãos. Sua visualização terá muito mais impacto mental se sua meta animada for 100% de seu ponto de vista.

TOME NOTA

Assim que tiver uma imagem de sua meta claramente definida na mente, é hora de tomar nota de tudo. Sem nenhuma dúvida, durante anos você ouviu falar que escrever as coisas ajuda a lembrar melhor delas. No entanto, a exemplo da maioria das pessoas, se nunca lhe disseram por que é tão importante tomar nota das coisas, provavelmente sua atitude seria do tipo "por que se preocupar". E quem pode culpá-lo? É mais um trabalho extra escrever algo quando você pode apenas armazená-lo facilmente no cérebro. Não é?

A resposta é não. Escrever as coisas funciona em dois níveis: armazenamento externo e codificação. O armazenamento externo é fácil de explicar: você está armazenando as informações contidas em sua meta em um local (como uma folha de papel), que é muito fácil consultar e revisar a qualquer momento. Você pode pregar esse papel em seu escritório, sua geladeira ou em outro lugar. Não é preciso ser um neurocientista para saber que você vai se lembrar de algo muito melhor se estiver olhando para um sinal visual que sirva como um lembrete todos os dias.

Um outro fenômeno importante, porém, também acontece: a codificação. A codificação é o processo biológico pelo qual as coisas que percebemos vão para o hipocampo do cérebro, onde são analisadas. A partir daí, tomamos decisões sobre o que deve ficar armazenado na memória a longo prazo e, por sua vez, o que é descartado. Escrever melhora o processo de codificação. Em outras palavras, quando você escreve algo, isso tem uma chance muito maior de ser lembrado.

Os neuropsicólogos identificaram o "efeito geração", segundo o qual basicamente as pessoas demonstram uma lembrança melhor do material gerado em si do que do material que simplesmente leram. É uma bela vantagem que pode ser aproveitada e, ao passar sua imagem por escrito, você poderá acessar o efeito geração duas vezes: primeiro, ao gerar a meta e criar uma imagem na mente e, segundo, quando anotá-la, porque estará essencialmente reprocessando ou tornando a gerar essa imagem. Você precisa repensar sua imagem mental, colocá-la no papel, incluir objetos, colocá-los em escala, pensar sobre suas relações espaciais, desenhar expressões faciais e assim por diante. Nesse caso, acontece uma grande quantidade de processamento cognitivo. Em essência, você tem uma chance dupla de gravar a meta em seu cérebro.

Estudo após estudo se tem mostrado que nos lembramos melhor das coisas quando as escrevemos. Normalmente, as cobaias desses tipos de estudos são os alunos que tomam notas na sala de aula. No entanto, um grupo de pesquisadores analisou as pessoas ao fazerem entrevistas para a contratação. Quando os entrevistadores faziam anotações sobre as entrevistas com cada um dos candidatos, eram capazes de recuperar cerca de 23% mais informações obtidas nas entrevistas do que as pessoas que não tomavam notas. Entre parênteses, se estiver sendo entrevistado para um emprego e desejar que o entrevistador se lembre de você, é melhor esperar que ele esteja tomando notas.

Não é apenas a lembrança em geral que melhora quando escrevemos as coisas. Também melhora a lembrança das informações realmente importantes. Sabe quando, na sala de aula, o professor diz coisas realmente importantes (vão cair na prova) e coisas não tão importantes (não vão cair na prova)? Bem, um estudo descobriu que, quando as pessoas não tomam notas na sala de aula, elas se lembram tanto de muitos fatos sem importância quanto dos fatos importantes. (Existe uma receita para uma nota baixa.) Mas, quando as pessoas tomam notas, elas se lembram de muitos mais fatos importantes do que dos fatos sem importância (e esse, meus amigos, é o segredo do bom aluno). Tomar nota das coisas não só o ajuda a se lembrar mas também torna sua mente mais eficiente, ajudando você a se concentrar nas coisas verdadeiramente importantes. E suas metas que desafiam com toda a certeza se incluem entre as coisas verdadeiramente importantes.

Geena é radiologista em um movimentado hospital da cidade. Seu marido também é médico e o trabalho dele exige muito dela, além dos três filhos com atividades igualmente constantes de quem ela precisa cuidar. "Tentar fazer qualquer coisa para mim é quase impossível", diz Geena com um sorriso bem-humorado. "Mas corro maratonas desde a faculdade e essa é uma coisa de que não abro mão."

Ela precisa recorrer a alguns truques mentais a fim de encontrar o tempo para treinar e correr. "Se admito que estou roubando tempo só para mim, começo a me sentir culpada. Em vez de correr eu poderia estar ajudando meu marido ou ir a um dos jogos ou eventos de meus filhos." Então Geena só se inscreve em corridas para instituições de caridade: "Não é exatamente difícil conseguir isso em nossos dias, quando corremos para arrecadar dinheiro para tudo, do câncer aos direitos dos animais", observa Geena.

"Correr é uma coisa que realmente adoro fazer", diz ela. "Mas a parte que é realmente essencial para mim começa nos planos que coloco no papel, e revejo todos os dias para me ater a minha meta, sabendo como a corrida vai trazer benefícios para causas realmente nobres. Quer dizer, eu realmente tento ver os rostos das pessoas que vou ajudar. De outro modo, não sairia da toca e ficaria em casa fazendo biscoitos para meus filhos em vez de encontrar o tempo para me dedicar à corrida."

Geena tem uma ligação sincera com sua meta de correr. Mas ela é a primeira a admitir que, sem o auxílio de uma visão clara de sua meta, e a versão por escrito dessa visão para mantê-la no caminho que escolheu, provavelmente não conseguiria realizá-la.

DESENHE COM AS PALAVRAS

Você se lembra, no início do capítulo, quando eu disse que os grandes criadores de metas, como Kennedy, King e Reagan, eram mestres no uso de uma linguagem intensamente visual? Bem, quero apresentar-lhe mais uma técnica para quando se encontrar em uma situação que não permite fotos. Você pode desenhar com as palavras.

Para começar, sempre que falar sobre uma meta, use as palavras realmente concretas. Allan Paivio, atualmente professor emérito da Universidade de Ontário Ocidental, é o cientista pioneiro no conceito de palavras concretas. Em um de seus estudos que considero favorito, Paivio analisou a capacidade das pessoas de se lembrar de palavras concretas em comparação com palavras abstratas.[9] As palavras concretas têm um "valor imaginário", quer dizer, podemos fazer uma imagem daquilo a que elas se referem. Por exemplo, palavras como "estrada", "ponte", "palhaço" e até mesmo "imagem" são todas muito concretas. Mas palavras como "condição", "quantidade", "solicitação" e "finalidade" são todas muito abstratas. Paivio criou pares de substantivos e adjetivos concretos e comparou-os com pares de substantivos e adjetivos abstratos para ver quais palavras eram mais fáceis de lembrar. Em alguns pares, a relação entre as palavras fazia sentido – "jovem senhora" e em outros, não –, como em "senhora macia".

Em todos os casos, a lembrança era melhor no caso dos pares de palavras concretas do que no dos pares de palavras abstratas. É mais fácil se lembrar de "corpo inerte" ou "palhaço feliz" do que de "nutriente essencial" ou "resultado significativo". Na verdade, e isso é decisivo, nós nos lembramos muito mais de pares de palavras concretas sem uma relação entre si do que de pares de palavras abstratas mesmo quando relacionadas. Segundo os experimentos de Paivio, os pares de palavras concretas puderam ser lembrados duas a três vezes mais frequentemente do que os pares de palavras abstratas.

Aqui está a verdadeira dica: quase todas as pessoas que precisam estabelecer uma meta para alguém, por exemplo, o CEO de uma empresa, sofrem da doença da palavra abstrata. Observe alguns pares de palavras abstratas testados no estudo de Paivio:

- conjunto completo
- evento anual
- propósito útil
- descoberta original
- condição crítica
- pedido razoável
- atenção constante
- quantidade adequada
- resultado significativo
- palpite possível

Se você alguma vez leu um memorando estabelecendo metas em uma empresa, garanto que já viu pares de palavras como esses, se não exatamente esses. Inúmeras vezes as pessoas estabelecem metas usando uma linguagem abstrata. Depois, olham em volta confusas, sem entender por que ninguém se lembra do que disseram. Mas a razão é que usaram uma linguagem que, com certeza, não será lembrada.

Conversei sobre a escolha de palavras com uma porção de CEOs. E embora centenas deles tenham entendido, sem problemas, milhares de outros não conseguiram alcançar "resultados significativos" com seus memorandos para estabelecer metas porque obtusamente se recusaram a dar "atenção constante" a essa questão. Viu como é fácil escorregar para essa porcaria de linguagem abstrata mesmo sem perceber? É uma doença. Se você quiser ter metas às quais as pessoas (incluindo você) vão se dedicar com sangue, suor e lágrimas para realizar, é melhor tratar sua doença da palavra abstrata, e rápido.

Então, da próxima vez que estiver prestes a fazer um discurso ou ter uma conversa sobre metas, faça a si mesmo a seguinte pergunta: será que as pessoas que me ouvirem vão desenhar uma imagem do que estou dizendo? Ou melhor ainda: "Uma criança de 6 anos de idade seria capaz de desenhar uma imagem do que estou dizendo?". Voltando aos exemplos anteriores dos líderes mundiais: meus filhos poderiam facilmente desenhar um homem na Lua, um ex-escravo e um ex-dono de escravos sentados juntos e uma bela manhã nos Estados Unidos. O mesmo pode ser dito de suas metas?

Por que as palavras concretas assim são melhores?, um leitor do tipo científico, sem dúvida, poderia perguntar. O argumento de Paivio (formalmente conhecido como a "teoria do código duplo") é de que as palavras concretas têm acesso ao sistema baseado em imagens do hemisfério direito do cérebro, além do sistema verbal. Um outro argumento contrário diz que as palavras concretas ativam um suporte contextual verbal mais amplo mas não acessam um sistema distinto baseado em imagens. Quem está certo? Bem, alguns estudos de RMF recentes detectaram as regiões do cérebro envolvidas na codificação dos substantivos concretos em comparação com abstratos e revelaram que – essa é chocante – provavelmente há um razoável bocado de verdade em ambas as teorias.

INÚMEROS GÊNIOS USAM RECURSOS VISUAIS

Se você adotar a ciência de pensar visualmente, então não estará sozinho. Estará se juntando a algumas das maiores mentes da história. "Tesla teve a ideia de um motor elétrico certa tarde em que estava recitando um poema de Goethe e assistia a um pôr do sol. De repente, ele imaginou um campo magnético de rotação rápida dentro de um círculo de eletroímãs. As imagens do círculo energizado aparentemente foram sugeridas pelo disco do sol e o pulso da rotação pelo ritmo do poema." Assim escreve John Briggs sobre o grande físico e inventor Nikola Tesla em seu maravilhoso livro sobre o processo criativo desse gênio.

Tesla dedicou sua vida a repensar o possível. E nós sabemos, a partir de suas próprias palavras gravadas, que a visualização animada teve um papel muito importante em seus inúmeros sucessos. "Antes de colocar um desenho no papel, trabalho na ideia mentalmente. Em minha mente, mudo a construção, faço aprimoramentos e até mesmo faço o dispositivo funcionar. Sem nunca ter desenhado um esboço, sou capaz de dar as medidas de todas as partes para os construtores e, quando concluídas, todas essas peças se encaixam, como se tivesse feito os desenhos de verdade."[10]

Graças ao pensamento animado de Tesla, temos a corrente alternada, a represa hidrelétrica e o rádio, para citar apenas uns poucos de suas mais de cem invenções patenteadas e inúmeras não patenteadas. Li recentemente que, em 1909, Tesla declarou à revista *Popular Mechanics*: "Em breve, será possível transmitir mensagens sem fio em todo o mundo de maneira tão simples que qualquer pessoa poderá transportar e operar seu próprio aparelho". O aparelho, previu Tesla, seria do tamanho aproximado de um relógio de bolso. A visão de Tesla pode ser muito parecida com um iPhone ou BlackBerry, e ocorreu-lhe numa época em que o telefone discado (para aqueles que se lembram) ainda estava havia décadas em funcionamento.

Tesla está longe de ser o único desse tipo. Muitas das maiores mentes ao longo da história usaram visualização, a imaginação, a idealização ou, para usar a palavra que dá título a este capítulo, a animação de suas ideias e metas. Por exemplo, o escultor Henry Moore, nos diz Briggs, imaginava suas esculturas, não importando seu tamanho, como se as estivesse segurando na palma da mão. Briggs conta como Moore visualizava mentalmente uma forma complexa, sabendo como era de todos os lados, percebendo mesmo o volume da escultura por saber o espaço que a forma deslocava no ar. Ou o grande antropólogo Claude Lévi-Strauss, outro dos estudados por Briggs, que via imagens esquemáticas tridimensionais mentalmente quando resolvia problemas etnográficos.

O grande físico e prêmio Nobel Richard Feynman explicou em suas memórias o uso que fazia da "animação visual": [11]

> Eu tinha um esquema, que continuo a usar hoje em dia, quando alguém está explicando uma coisa que estou tentando entender: fico criando exemplos. Por exemplo, os matemáticos apresentavam empolgados seus teoremas supercomplexos. Enquanto um me dizia as condições do teorema, eu ia construindo algo em minha mente que ia se adaptando de acordo com as condições. Digamos, pensava num todo (uma bola), numa divisão (duas bolas). Em seguida, as bolas mudavam de cor, criavam cabelos ou fosse lá o que fosse, tudo em minha cabeça, enquanto as condições iam se sucedendo. Finalmente, quando o teorema era apresentado, alguma coisa idiota sobre a bola que não batesse com minha bola peluda verde, então diria: "Falso!" (...) Acertava na maioria das vezes.

Michelangelo, Amelia Earhart, Mozart, Albert Einstein, Georgia O'Keeffe, Muhammad Ali, Mia Hamm, Ansel Adams, Michael Jordan e Bruce Lee (acho que há exemplos aí para todos os gostos), e tantos nomes mais respeitados, todos compartilham um elo comum. Todos costumavam usar o processo de animação para libertar seu gênio criativo, para atingir suas metas e alcançar resultados surpreendentes.

Inegavelmente, injetar vida em nossos pensamentos e metas tem algo relacionado com os gênios. E quem de nós não poderia usar uma pitada ou duas de genialidade quando se tratar de nossas metas que desafiam? Nunca mais você vai olhar fixamente para uma tela de computador em que se lê "A empresa vai duplicar sua participação de mercado em um ano" ou para um bilhete em seu espelho do banheiro dizendo: "Vou perder 15 quilos em seis meses". Suas metas, uma vez devidamente animadas, vão aparecer vividamente diante de seus olhos como as caricaturas mentais de Feynman, as esculturas tridimensionais em miniatura de Moore ou as visões sinestésicas de Tesla. E assim como essas grandes mentes criativas, pela animação de suas metas, você aproveitará a explosão motivadora de que precisa para fazer suas metas que desafiam passarem da visão para a realidade.

RESUMO

O maior impedimento a qualquer meta é a falta de estímulo visual. Nós somos humanos, e portanto visualizadores, e nosso cérebro se lembra melhor das imagens do que das palavras. Então por que não fazê-lo funcionar a seu favor e não contra você? Comece com uma perspectiva de primeira pessoa e desenhe uma imagem ou faça uma colagem ou um quadro de visão de sua meta, captando seus elementos específicos, como tamanho, forma, cor, partes distintas, configuração, pano de fundo, iluminação, emoções e movimentos. Em seguida, tome nota de sua meta usando palavras concretas que fiquem gravadas em seu cérebro.

Não estou dizendo que todas suas metas que desafiam farão de você um Einstein. Mas, se seguir as regras deste capítulo, você certamente estará agindo como ele. Afinal, esse é o cara que, ao contar como usou as imagens visuais para pensar, disse: "Muito raramente eu penso em termos de palavras".

Conta-se uma história de que um dia Einstein tirou um cochilo em uma encosta ensolarada. Os raios de sol filtravam-se através de suas pálpebras semicerradas e ele se imaginava sentado em um dos raios do sol, viajando pela amplidão do universo. No final da jornada, ele se viu de volta onde havia começado, cochilando naquela encosta. Essa visualização permitiu-lhe ver a curva do "espaço-tempo" e assim nasceu a teoria da relatividade geral, uma mudança radical em relação ao pensamento corrente da física da matemática da época. Isso é que é um impulso muito grande na capacidade de visualização (e dormindo).

Obtenha mais exemplos e ferramentas em www.hardgoals.com.

Capítulo 3

NECESSIDADE

"Vou começar amanhã." Três palavras que são o dobre de finados das metas. Por que tantas vezes você disse "amanhã" quando o que realmente queria dizer era "nunca"? Eu sei, quando as palavras jorram de sua boca, você acredita nelas: "Vou começar uma dieta amanhã". Você se sente forte, decidido e 100% comprometido com sua meta. Parece que nada pode interferir entre você e a promessa do amanhã. Um amanhã que realmente será o primeiro dia do resto de sua vida.

Então, amanhã chega de fato. E, mais uma vez, deparamos com a mesma decisão: começar agora ou adiar o início por mais um dia. Ora, vamos, é só um dia, não é? Sério, o quanto pode ser ruim adiar por mais um dia? A resposta, é claro, é que o adiamento por um dia, provavelmente, não é a pior coisa de todas – exceto que um dia nunca será o primeiro dia. Um dia se tornará dois, dois dias se tornarão três e três dias se tornarão anos.

Adiar para amanhã o que você deveria estar fazendo hoje é um problema que impede uma porção de gente de atingir suas metas. Cerca de 75% dos estudantes universitários consideram-se os procrastinadores[1] e algumas estimativas indicam que 20% da população adulta pode ser classificada como "procrastinadores crônicos".[2] Mas, por piores que sejam esses números, eles não representam o problema como deveriam quando se trata de metas que desafiam. Por exemplo, em um de nossos estudos recentes, 77% das pessoas admitiram ter desistido de iniciar uma dieta. E, em comparação aos não procrastinadores (você sabe, as pessoas que realmente começaram suas dietas), as pessoas que deixaram de fazer suas dietas tinham oito vezes mais probabilidade de estar infelizes com o peso atual.

Piers Steel, da Universidade de Calgary, um dos grandes pesquisadores da procrastinação, analisando centenas de estudos, descobriu que a esmagadora maioria indicava que postergar as coisas não traz felicidade.[3] Na realidade, um total impressionante de 94% de pessoas declarou que a procrastinação prejudicava sua felicidade. Além disso, os funcionários que procrastinam continuam a se preocupar com o trabalho por muito tempo depois de terem saído do escritório, e a procrastinação entre os estudantes está firmemente relacionada às notas baixas em todos os cursos, notas mais baixas em geral e notas mais baixas nos exames. A procrastinação está também fortemente ligada aos problemas de saúde (que é o que acontece quando deixamos de fazer os exames médicos necessários) e é grandemente relacionada uma situação financeira insatisfatória.

A procrastinação também pode representar outro risco financeiro. Cada cidadão estadunidense sabe que fazer a declaração dos impostos mais cedo pode ajudar a evitar erros cometidos na pressa. E, no entanto, uma pesquisa de 2002 da H. & R. Block descobriu que esperar até o último minuto na declaração do imposto de renda custava a um estadunidense médio um prejuízo de US$ 400 por causa dos erros decorrentes da pressa. Em todos os Estados Unidos, o efeito líquido foi de US$ 473 milhões em pagamentos a mais.

Surpreendentemente, não é apenas das metas difíceis que desistimos; também procrastinamos em relação a outras coisas interessantes e divertidas. Os pesquisadores financeiros do TowerGroup relatam que a cada ano os estadunidenses gastam aproximadamente US$ 65 bilhões em cartões de vale-presente e os destinatários deixam de resgatar US$ 6,8 bilhões com eles. Não que isso seja de todo ruim para as empresas que os emitem: em 2009, a Home Depot Inc. registrou US$ 37 milhões em receita de crédito não utilizado de cartões de vale-presente.

Não estou apresentando todos esses estudos e estatísticas negativas só para deprimi-lo. Pelo contrário, a intenção de usar essas informações como uma ferramenta de aprendizagem para ajudá-lo a reconhecer e superar seus próprios problemas com a procrastinação. Veja bem, se você realmente quer conseguir alguma coisa, se você tem uma intenção sincera de perder 10 quilos, começar uma empresa, tornar-se fluente em italiano ou qualquer que seja sua meta, sem dúvida nenhuma será capaz de realizá-la. Só precisa concentrar suas forças interiores para começar a perseguir essa meta. E a maneira mais eficiente de fazer isso é infundir em sua meta um sentimento de urgência – para superar todo sentimento de pânico, dúvida ou quaisquer que sejam os empecilhos internos ou externos que ameacem impedi-lo de alcançar sua meta é necessário que sinta como se fosse morrer se não começar a persegui-la nesse exato segundo.

Lou Adler, um empresário, aprendeu essa lição, mas quase tarde demais. Um sujeito descontraído, Lou sempre tem um sorriso no rosto e uma boa piada pronta. Um contador de histórias nato, ele adora especialmente falar sobre seus dias de glória como um jogador de futebol americano na equipe da faculdade. "Eu não me pareço mais com o que era naquela época", diz Lou. "Eu era um Adônis." Esse fato confortou-o em sua luta constante para perder os 30 quilos que acumulou desde os tempos de faculdade.

"Nem sei como isso aconteceu", diz Lou sobre seu peso. "Sei que sou um empresário viciado em trabalho típico, mas ainda sou um atleta aqui", diz ele, batendo com o dedo indicador contra a cabeça. "Mas o resto de mim parece estar resignado a ser gordo. Quero perder peso. Caramba, começo uma nova dieta quase todos os dias. Simplesmente não consigo assumir o compromisso de cumpri-la."

O grande incentivo para a mudança na vida de Lou, o momento em que seu desejo de perder peso se tornou uma meta necessária, aconteceu quando o médico diagnosticou-o com hipertensão e diabetes tipo 2 durante um exame anual. "A realidade se revelou", disse Lou a sua esposa, poucas horas depois, quando ela o encontrou em casa jogando fora todo tipo de comida não saudável. "Desta vez, a dieta não é brincadeira. Tenho de perder peso ou posso até morrer."

Foi preciso algo equivalente ao bafo de um tigre-dente-de-sabre na nuca de Lou para ele parar de procrastinar e fazer algo em relação a seu excesso de peso. Ele teve sorte, entendeu a mensagem, sentiu a urgência e perdeu peso. Mas a lição aqui não é a de que você deve esperar seu equivalente a "coma até mesmo uma sobremesa nas próximas 72 horas e vai sofrer um ataque do coração" para chegar a esse mesmo ponto de "necessidade" em relação às próprias metas. Em vez disso, quero que você aprenda a sentir o mesmo tipo de urgência em relação a suas metas quando quiser fazer algo acontecer.

Intelectualmente, sabemos que devemos ter um sentimento muito maior de urgência em relação a nossas metas. Sabemos que desistir das coisas é ruim. Os estadunidenses pagam um excesso de impostos milionário por causa da procrastinação. Perdem quase US$ 7 bilhões em cartões de vale-presente não utilizados. Em 2010, uma pesquisa anual sobre aposentadoria nos Estados Unidos feita pelo Employee Benefit Research Institute revelou que apenas 16% dos trabalhadores estadunidenses estavam confiantes em ter dinheiro suficiente para uma aposentadoria tranquila. O comportamento derrotista é geralmente considerado a maior causa evitável de morte e, no entanto, socialmente, adiamos parar de fumar, de beber demais, comer em excesso e praticar sexo sem segurança.

A partir de agora, "amanhã" está oficialmente banido. Está na hora de pararmos de nos enganar com a maneira como nosso cérebro considera automaticamente os eventos futuros (como as metas) e de aumentar a deliberação cerebral para criar fortes vínculos com as metas que desafiam que as tornam tão necessárias que não teríamos escolha a não ser começar a agir em relação a elas aqui, agora.

COMO VEMOS O FUTURO

Valorizamos mais as coisas do presente do que as coisas futuras. Essa pode ser uma questão complicada, em especial porque não costumamos pensar muito a respeito desse assunto. Assim sendo, incentivo você a ler essa primeira frase mais algumas vezes e procurar gravá-la na memória. Para explicar melhor como isso funciona, vou usar um enfoque com que a maioria das pessoas tem facilidade de entender: dinheiro.

Se lhe dessem a oportunidade de escolher entre ganhar R$ 100 neste instante e R$ 100 daqui a um ano, o que você escolheria? A esmagadora maioria das pessoas diria: "Puxa, obrigado. Vou aceitar o dinheiro agora". Há muitas razões para isso acontecer; você poderia investir os R$ 100 e, em um ano, ter R$ 110. Ou, com as taxas crescentes de inflação, R$ 100 poderiam ter um poder de compra de R$ 95 depois de um ano, portanto é melhor para pegá-los agora. Pode ser que você tenha expectativas muito positivas sobre o futuro e acredite que terá tanto dinheiro em um ano que R$ 100 não vão parecer muita coisa em comparação com o que valem. Talvez você esteja sem fundos e precise do dinheiro agora. Ou talvez a imagem do que você faria com o dinheiro agora seja muito mais vívida do que a imagem difusa do que faria com o dinheiro no futuro. E, é claro, sempre há o pensamento de que você poderia estar morto em um ano, então *carpe diem*, aproveite o dia...

A razão mais comum para você não pegar o dinheiro agora seria não confiar em si mesmo para fazer algo positivo com ele. Você acredita que não terá nenhum ganho sobre o dinheiro. E, se houver inflação, vai acabar perdendo dinheiro. Mas, assim mesmo, considerar a oferta um ano depois e tratá-la como um plano de poupança forçada parece mais sensato do que aceitar o dinheiro agora. Eu fiz algo parecido com isso enquanto esvaziava minha pasta. Encontrei algumas notas de R$ 20 e guardei-as de volta, pensando: "Se pegá-las, vou gastá-las em algo idiota". Então coloquei o dinheiro de volta, procurei me esquecer de que estava lá, imaginando que seria um benefício financeiro agradável dali a seis meses. Sim, sou um CEO com uma longa história de sucesso financeiro, mas também tenho um espaço no porão onde empilho todas as inutilidades que comprei por impulso pela TV tarde da noite. Então, talvez meu raciocínio de colocar o dinheiro de volta em minha pasta talvez não seja assim tão idiota.

A conclusão de tudo isso é que tendemos a valorizar muito mais o presente do que o futuro. É um fato que a maioria das pessoas prefere 100 reais hoje do que os mesmos R$ 100 em um ano. Mas, e se eu lhe oferecesse uma vantagem? Será que conseguiria convencê-lo a esperar para pegar o dinheiro dentro de um ano? E se lhe oferecesse R$ 110 em um ano, seria dinheiro bastante para levá-lo a esperar? Que tal uns R$ 150? Ou R$ 200? Não sou capaz de dizer exatamente qual será seu número, porque isso vai depender de sua situação financeira atual, outros usos que você poderia dar ao dinheiro, o quanto de risco você acha que está envolvido, suas expectativas em relação ao futuro e assim por diante. Mas você quase certamente terá um número e será maior do que R$ 100.

Sem exagerar muito na matemática, é fácil calcular esse número, a que chamamos de "taxa de desconto". Esse é basicamente o dinheiro extra ao qual você precisará chegar, no futuro, para igualar o valor atual dos R$ 100. Por exemplo, se eu achar que receber R$ 150 em um ano equivale a obter R$ 100 agora, basta dividir o meu ganho em um ano (R$ 50) pelo número atual (R$ 100) e terei a taxa de desconto de 50%. Se só precisarei de R$ 120 em um ano, terei uma taxa de desconto de 20%. Se precisar de R$ 180, terei uma taxa de desconto de 80%.

Pense desta forma: se comprar um certificado de depósito bancário (CDB) de seu banco local, você basicamente está dizendo: "Dou-lhes R$ 1.000 agora em troca de R$ 1.010 em um ano". Entre parênteses, observe como a taxa de desconto é ridiculamente baixa. Na verdade, enquanto escrevia este livro, os índices de juros pagos pelos CDBs giravam em torno de 1%. (Obviamente, a matemática fica muito mais complicada se você fizer isso para vários anos, e assim por diante, mas a simplificação aqui é apenas para ilustrar o argumento.) Quanto maior for a taxa de desconto, menos você valoriza o pagamento no futuro e mais valoriza o pagamento de imediato.

Agora, vamos aplicar o conceito da taxa de desconto em algo como uma dieta. Imagine que você saiu para jantar fora essa noite e que o garçom traz de sobremesa um delicioso bolo de chocolate em uma bandeja. Você quer o bolo de agora, mas também tem uma meta de dieta que exige que reduza a ingestão diária de alimentos em 300 calorias. O bolo vai representar um acréscimo de 800 calorias acima de sua taxa diária e deixá-lo acima de sua meta de peso quando se pesar na semana seguinte.

Com esse pano de fundo, vamos analisar a situação. Se comer o bolo hoje, desfruto o chocolate derretendo em minha boca, o que cria uma reação em cadeia biológica sobre a emergência do prazer que culminará fazendo soar um alarme quadruplicado em meu cérebro. Essa é uma boa recompensa imediata.

Mas e quanto a meu retorno futuro se seguir minha meta e ignorar o bolo? Bem, olhando para o futuro, provavelmente vou gostar de minha aparência, estarei emocionalmente fortalecido por meu autocontrole, serei mais saudável e vou caber em minha calça jeans. Esses são ganhos significativamente maiores do que o que posso ganhar no presente, mas vão ocorrer em um momento posterior ao prazer que terei comendo o bolo agora. Se meu raciocínio for este:

> Opção A: Saboreie o bolo agora.
> Opção B: Pareça magro e sinta-se emocionalmente ótimo esta noite.

Eu escolheria a opção B num piscar de olhos. Mas esse não é meu raciocínio. Meu raciocínio é mais ou menos assim:

> Opção A: Saboreie o bolo agora.
> Opção B: Pareça magro e sinta-se emocionalmente ótimo daqui a três meses (enquanto experimenta a privação do bolo no presente).

Para o complexo cérebro humano, a compensação futura não parece tão atraente quanto o que posso ganhar no presente. Certo, meu retorno no futuro é ótimo (muito melhor do que cinco minutos de prazer com o bolo), mas mentalmente eu desconto a recompensa. Afinal, quem sabe o que o futuro nos reserva? Eu poderia estar morto em três meses. Talvez as férias estejam chegando e eu raciocine que terei tempo de sobra para a dieta então e, provavelmente, até mesmo tempo para fazer exercícios também. Talvez em três meses a ciência já tenha descoberto um novo medicamento que me faça perder toda a gordura em excesso e nunca mais precisarei pensar nisso novamente.

O fato de eu me ater ou não a minha meta de dieta baseia-se inteiramente no quanto valorizo o presente em relação ao futuro (ou o quanto desconsidero o futuro). Isso é que irá determinar se vou comer o bolo e obter o menor retorno imediato ou renunciar ao bolo e obter o maior retorno futuro. (Na linguagem das pesquisas essa é a escolha do Anterior Menor contra o Posterior Maior.)

Cada um de nós tem um nível único de preferência que nos faz valorizar mais as coisas que podemos conseguir de imediato do que as que obteremos no futuro. Segundo essa perspectiva, dinheiro hoje é melhor do que dinheiro amanhã, e ser acomodado hoje é preferível a treinar para o triatlo no próximo ano. A verdadeira questão é o quanto estamos dispostos a ganhar hoje e até que ponto essa preferência interfere em nossa capacidade de estabelecer e atingir em nossas metas.

Considere o seguinte: cerca de 30% dos estadunidenses adultos tem pressão arterial elevada (hipertensão). E, apesar dos esforços da comunidade médica para melhorar o reconhecimento e o tratamento, os índices atuais de controle da doença no país são muito insatisfatórios. Em reação a isso, pesquisadores da Universidade de Medicina da Carolina do Sul decidiram avaliar em que medida as taxas de desconto (o quanto valorizamos o futuro em relação ao presente) influenciam a reação das pessoas a ter pressão arterial elevada.[4]

A primeira coisa a notar é que se revelou que as taxas de desconto médias de saúde eram de 43,8% ao ano. Vamos refletir sobre isso por um minuto. Se damos nosso dinheiro ao banco na compra de um CDB, vamos descontar no futuro com cerca de 1% de juros (porque essa é a taxa de juros do banco que aceitamos). Mas quando se trata da pressão arterial elevada (você sabe, assunto grave de saúde) desvalorizamos o futuro em quase 44%? Não admira que tantas pessoas não recebam os tratamentos adequados de imediato. Elas consideram o problema e pensam: "Ora, os cinco minutos que economizo agora não perdendo tempo para verificar minha pressão arterial vale 43% mais do que os cinco minutos de vida a mais que gastarei no próximo ano para tratar essa doença".

Outras análises mostraram que apenas 1% de aumento na taxa de desconto dos participantes aumentava a probabilidade de não verificarem a pressão arterial em 3,5%, não alterarem sua dieta e exercícios em 0,6% e não seguirem planos de tratamento médicos em 1,6%. Além do mais, as pessoas com as maiores taxas de desconto, algo entre 50 e 57% (as pessoas que não valorizavam o futuro mesmo), tinham quase o dobro de chances de não mudar sua dieta e seus exercícios físicos quando recebessem o diagnóstico de hipertensão.

Conclusão: se você desconsidera fortemente o futuro (você valoriza o presente muito mais do que o futuro), tem muito menos probabilidade de ser influenciado com a perspectiva de obter grandes resultados no futuro. Eu poderia lhe dizer que, se seguisse as ordens de seu médico e tratasse sua pressão arterial, aumentaria seu tempo de vida. Mas, se você não valoriza muito o futuro (se o desconsidera inteiramente), não será suscetível a se deixar influenciar por minha argumentação.

Você pode ser tentado a pensar que isso só se aplica às metas nas quais paga um preço agora (como tomar medicação contra pressão arterial, fazer exercícios ou desistir de um bolo de chocolate) e que só terá benefícios muito mais tarde (como uma boa saúde, jeans apertados e coisas semelhantes). Mas acontece que não são apenas as metas difíceis que são grandemente desconsideradas. O problema do desconto futuro também atinge experiências.

Em um excelente estudo sobre pontos de atração turística, pesquisadores da Universidade da Califórnia em Los Angeles e San Diego entrevistaram pessoas que ou moravam ou viajavam a Chicago, Londres ou Dallas.[5] O estudo fazia uma série de perguntas, como quanto tempo a pessoa passava na cidade e quais os principais pontos turísticos que tinha visitado. Entre as conclusões, revelou-se que o viajante que permanecia duas semanas em média visitava 4,4 pontos de atração, ao passo que o morador médio que vivia na cidade por até um ano só visitava 3,1 pontos. Em outras palavras, os turistas em pouco tempo visitavam cerca de 42% mais pontos turísticos do que os moradores. Além disso, o viajante que permanecia por três semanas visitava em média 5,5 pontos de atração, o que representa 17% mais do que os 4,7 visitados por moradores que viviam na cidade por três ou mais anos.

O mais surpreendente ainda foi que, entre os moradores, 60% de suas visitas aos principais pontos de interesse locais aconteceu na companhia de convidados de fora da cidade. Assim, mesmo as visitas que faziam eram em grande parte motivadas pelos turistas que permaneciam pouco tempo. (Eu pessoalmente me enquadro nessa última categoria. Enquanto morei em Buffalo, provavelmente nunca teria visitado as cataratas do Niágara não fosse o destino mais solicitado por todos os parentes de fora da cidade.)

Então, como exatamente tudo isso se relaciona com o desinteresse pelo futuro? Bem, aqui está a resposta. As pessoas que residiam nas cidades não espaçavam uniformemente suas visitas ao longo de seu tempo de permanência. Os cientistas contataram pessoas que haviam se mudado de Chicago e submeteram-nas a uma bateria de perguntas semelhantes. Mas, dessa vez, eles se concentraram no calendário das visitas aos pontos de interesse turístico. Esses antigos moradores tinham residido em Chicago por uma média de três anos e 40% das visitas que fizeram a pontos turísticos ocorreu nos últimos seis meses de sua estada na cidade. E 18% de suas visitas de fato ocorreu nas duas últimas semanas!

Supostamente, visitar as principais atrações turísticas é divertido. Estando em Chicago, visitar o Field Museum e a Willis Tower (anteriormente chamada Sears Tower) ou fazer um passeio arquitetônico de barco é bastante agradável. E, no entanto, sem uma sensação de urgência (como o curto prazo que os turistas sentem), as pessoas adiam e adiam. Quando desconsideramos o futuro, acreditamos que os benefícios que vamos obter nele empalidecem em comparação com os benefícios que obteremos ao fazer o que quer que achemos certo no momento. A calculadora psicológica em nossos cérebros, basicamente, diz: "Ei, a compensação com o desconto não é grande o bastante para parar o que estou fazendo e visitar aquele ponto turístico. Poderei fazer isso mais tarde (no próximo mês, no próximo ano)".

No caso, ocorre um outro fenômeno psicológico relacionado também: as pessoas superestimam fortemente a quantidade de tempo livre que terão no futuro. Isso se parece com: "Bem, estou atolado de trabalho agora, mas em poucos meses vou ter muito mais tempo". Por outro lado, para alguém em visita a uma cidade por duas semanas, o futuro é de apenas duas semanas. Os visitantes por pouco tempo não são suscetíveis de descontar o gozo futuro dos pontos turísticos por muito tempo. E sua estimativa de tempo livre futuro é muito discutível (de novo, o futuro é de apenas duas semanas).

Os mesmos pesquisadores também analisaram como o desconto futuro afeta o uso do vale-brinde. Em um estudo, foram distribuídos aos participantes do estudo vale-brindes para um café e doceiria gourmet francês com data de validade de uma semana ou dois meses. Não sendo de surpreender (dado o que acabamos de aprender), as pessoas que receberam o vale-brinde com vencimento de dois meses foram muito mais propensas a acreditar que não teriam qualquer dificuldade de usar o vale-brinde antes de expirar. De fato, 68% das pessoas que receberam o vale-brinde de dois meses esperavam utilizá-lo em comparação a apenas 50% do grupo com data de expiração de três semanas. Mas quando se tratou do uso real, 31% dos beneficiados com três semanas realmente usaram seus vale-brindes, contra insignificantes 6% do grupo de dois meses.

Lembre-se, as pessoas geralmente superestimam seu tempo futuro livre, e assim adiam as coisas (mesmo as coisas boas) até aquele tempo futuro. Simplesmente, não há sensação de urgência e isso se traduz diretamente em nossas metas. Nosso tempo futuro é tão fortemente descontado (em relação aos benefícios que poderíamos receber aqui e agora) que simplesmente não vemos os ganhos futuros como realmente valendo muito.

O QUE PODEMOS FAZER QUANTO A ISSO?

Portanto, a grande pergunta torna-se: o que podemos fazer quanto a isso? Bem, vamos nos lembrar de uma coisa. Embora haja exceções, as metas desafiadoras muitas vezes têm um formato muito básico: faça algum esforço agora e obtenha algum benefício no futuro. Portanto, esqueça a sobremesa de hoje à noite, seja magro em três meses. Contenha seus impulsos para gastar agora, tenha mais dinheiro para a aposentadoria em um ano. Treine agora, corra nas Olimpíadas em quatro anos. Participe de curso de gestão agora, consiga uma promoção em sua próxima avaliação anual. Consiga que seus funcionários trabalhem em uma nova estratégia agora, gere mais vendas no próximo trimestre.

Por si só, esse não parece ser um grande problema; é bom que a maioria das metas requeira alguns custos imediatos mas só ofereça seus benefícios no futuro. Afinal, se eu lhe dissesse: "Abra mão de R$ 100 agora e receba R$ 170 em um ano", você aceitaria a proposta. As metas verdadeiramente desafiadoras sempre terão alguns custos, mas até mesmo os custos pendentes são normalmente compensados pelos benefícios.

O problema não é que nossos benefícios não sejam grandes o bastante. Gostamos de pensar no que estamos para ganhar vendo através de nossas metas, mesmo quando sabemos que não vamos conseguir o resultado agora. Mas não teremos a chance de conseguir nada se nosso cérebro nos disser que o futuro simplesmente não vale a pena e agora é muito mais importante. Por exemplo, considere o número de pessoas que racionalizam que é melhor aproveitar cinco minutos de tempo agora, não verificando sua pressão arterial, mesmo em face do risco de vida da hipertensão. Até mesmo os benefícios potencialmente mais atraentes (como ter uma vida longa e saudável em vez de uma morte dolorosa e iminente) não é suficiente para nos fazer agir agora se o futuro parece ter pouco ou nenhum valor para nós.

E quanto mais você avança no futuro, pior fica. Se sua meta é fazer 500 abdominais hoje e ter uma incrível "barriga de tanquinho" amanhã, você provavelmente estaria dentro em um piscar de olhos. Mas quantas metas que desafiam podem oferecer um retorno tão rápido? O fato é: você precisa fazer dieta (seriamente) por vários meses para talvez perder 15 quilos. Se até mesmo o fato de pensar nisso desencadeia uma reação automática em você que diz: "Esqueça isso, metade de um ano de tortura por algum tempo no futuro que não posso nem sequer imaginar é besteira, vou comer mais algumas coxinhas", você está dentro da norma. Seu cérebro está fazendo sua parte e dizendo-lhe que o futuro é menos importante do que o agora, os benefícios que se danem.

Se você descontar o futuro por apenas 10%, então terá uma chance. Você provavelmente aceitaria minha oferta para abrir mão de R$ 100 hoje e receber R$ 170 no próximo ano, ou daria uma chance à dieta, ou correr o risco e abrir uma empresa. Não importa qual seja sua meta, se estiver descontando seus ganhos futuros em 80%, então os R$ 170 o que você receberia no próximo ano só valem R$ 94 hoje e não há nenhuma maneira de você aceitar minha oferta. O mesmo se aplica à dieta e tudo mais. Infelizmente, a maioria de nós se enquadra na categoria de alta taxa de desconto.

A boa notícia é que podemos combater o problema. Isso exige apenas algumas medidas deliberadas (enganar o cérebro, na verdade) para diminuir o impacto de nossas taxas de desconto. A mente pode ser basicamente ligada a aplicar essa fórmula de descontos a todas nossas decisões, mas podemos manipular essa fórmula a nosso favor alterando o modo como estruturamos as entradas e saídas. Isso nos permite vencer nosso cérebro, abrindo as comportas para uma sensação de urgência quanto a nossas metas (elas se tornam necessárias). Seguem-se seis ótimas maneiras de fazer isso.

Truque nº 1: Transfira os custos do presente para o futuro

Uma maneira de reduzir sua elevada taxa de desconto é mover alguns dos custos imediatos de sua meta para o futuro. Você ainda estará lidando com o desconto dos benefícios futuros de suas metas (é exatamente o que fazemos), mas, descontando alguns custos futuros, você poderá alterar um pouco o equilíbrio. Muitas vezes isso por si só é suficiente para alterar radicalmente a equação mental em favor de sua meta.

Um exemplo de como se faz isso é obra de uma das grandes mentes da economia comportamental, o professor Richard Thaler, da Universidade de Chicago. Alguns anos atrás, Thaler, juntamente com seu colaborador frequente, o professor Shlomo Benartzi, pioneiro em um programa de poupança chamado "Save More Tomorrow" (Poupe Mais Amanhã).[6]

Todos sabemos que as pessoas não poupam o bastante para a aposentadoria (lembra-se da estatística anterior, segundo a qual apenas 16% dos trabalhadores sentiam-se confiantes em relação às suas economias para a aposentadoria?). Mas as pessoas também não são particularmente propensas a reduzir os gastos em casa para manter o dinheiro em uma conta de poupança. O plano Poupe Mais Amanhã pede às pessoas para economizar mais, mas não hoje.

Os participantes do plano comprometem-se a aumentar sua taxa de poupança à medida que seu salário aumenta. Dessa forma, nunca veem um declínio no dinheiro que levam para casa; apenas esse não aumenta tanto quanto o salário. Transferir alguns dos custos atuais com a poupança para o futuro faz que a meta de poupar dinheiro pareça atraente para pessoas que poderiam não considerar uma forma mais tradicional de poupança (pessoas que têm uma taxa de desconto alta em relação ao futuro).

O plano revelou-se um sucesso surpreendente. Na indústria em que o plano foi lançado, quase 90% dos funcionários sentaram-se com um consultor financeiro que basicamente lhes disse (nenhuma surpresa) que precisavam poupar mais. Cerca de 25% das pessoas aceitaram o conselho e aumentaram suas poupanças. Aos restantes, que não quiseram diminuir seu salário líquido atual, foi oferecido o plano Poupe Mais Amanhã. Os participantes comprometeram-se aumentar a sua poupança em 3% toda vez que tivessem um aumento de salário (que era de cerca de 3,25 a 3,5% na época).

Durante um período de três anos, 10% ou mais de pessoas que nunca haviam se reunido com o consultor financeiro economizaram constantes 6%. O grupo que se reunira com o consultor e aceitara seu conselho para aumentar suas poupanças aumentou sua poupança de cerca de 4% para cerca de 9%. E o grupo do Poupe Mais Amanhã? As pessoas começaram com muito pouco, poupando apenas 3,5%. Mas, três anos e meio depois, a sua taxa de poupança simplesmente quadruplicara para 13,6%. Entre parênteses, dado seu sucesso, e a psicologia bem-sucedida por trás dele, esse tipo de plano está se tornando cada vez mais popular. Um estudo realizado em 2007 revelou que quase 40% das grandes empresas ofereceram algum tipo de plano de escalonamento futuro.

Então, por que um plano como esse é tão eficaz? Bem, em vez de ter uma situação em que você incorre em enormes custos não descontados no momento e benefícios fortemente descontados em algum momento no futuro, esse plano, basicamente, sincroniza os custos e benefícios. Ele empurra seus custos em direção a seu futuro altamente descontado quando eles não parecem mais tão grandes. Esse é um truque muito inteligente para aplicar em seu cérebro e os resultados falam por si.

Truque nº 2: Transfira os benefícios futuros para o presente

No Truque número 1 transferimos alguns custos atuais de uma meta para o futuro, para nos ajudar a desvalorizar nossos custos e, assim, tornar os benefícios mais atraentes. O Truque número 2 é o inverso desse, com você trazendo alguns dos benefícios futuros de sua meta para o aqui e agora. Dessa forma, seu cérebro não vai descontar os benefícios e sua meta vai parecer muito mais atraente agora, inspirando uma sensação de urgência para atingi-la.

Vamos considerar outro tipo de plano de poupança que compensa os benefícios futuros da poupança oferecendo algum benefício imediato. Um grupo de pessoas que tende a atribuir um desconto elevado no futuro (especialmente quando se trata de dinheiro) está na faixa de baixa renda. Tem-se observado que muitas dessas pessoas se sentem como se estivessem mais propensas a tornarem-se ricas por ganharem na loteria do que pela poupança. Assim, um número assustador de pessoas que se enquadram nessa categoria não têm nem sequer uma simples conta bancária ou de poupança. Em resposta a isso, atualmente existem planos de poupança em que se põe dinheiro em uma conta e, ao fazê-lo, participa-se de um sorteio, concorrendo a prêmios, dinheiro e assim por diante. Como o sorteio é mensal e no tempo presente, isso diminui o foco no benefício distante (e menos tentador) de poupar dinheiro. Simplificando, para aqueles que descontam o benefício futuro de poupar dinheiro, essa meta oferece uma recompensa imediata e consegue atrair essas pessoas para a poupança.

O Títulos Premiados na Grã-Bretanha são um exemplo de um investimento que, em vez de pagamentos de juros, os investidores têm a chance de ganhar prêmios livres de impostos. Quem investe em Títulos Premiados recebe uma série de números, um para cada libra investida. A compra mínima é de £ 100 , que fornece 100 números para o sorteio e, portanto, 100 chances de ganhar um prêmio. Os prêmios variam de dois prêmios de £ 1 milhão a mais de 1 milhão de prêmios de £ 50. Atualmente, são mais de 23 milhões de participantes detendo um valor de 26 bilhões de libras em Títulos Premiados. O argumento da campanha de marketing no *site* do Título Premiado é: "Essa é uma maneira divertida, embora séria, de poupar, combinando a possibilidade de ganhar prêmios de descontos livres de impostos com a paz de espírito de saber que seu capital está 100% seguro".

Não direi a você que esse é um investimento melhor do que um fundo mútuo ou qualquer coisa que gere rentabilidade ou retornos positivos. Mas se você tem uma taxa de desconto alta em relação a sua meta (e se você já fumou, comeu demais, desperdiçou dinheiro e assim por diante, pode ser que tenha uma taxa de desconto muito alta, pelo menos em relação a esse problema), então essa é uma maneira de transferir alguns benefícios futuros para o aqui e agora.

Quando Carl (omito seu sobrenome porque ele é um engenheiro de uma agência do governo) estabeleceu a meta de conseguir uma promoção no trabalho, ele sabia que seria um desafio difícil. Realizar sua meta significava aprender novos conhecimentos técnicos, o que se traduzia em cursos noturnos. O tempo livre no final de semana teria de ser dedicado a estudar e ele precisaria investir mais horas durante a semana no trabalho. Tudo isso significava menos tempo em casa com a esposa e o filho de 3 anos de idade, e praticamente nenhum momento (pelo menos por um tempo) para se dedicar a coisas divertidas como amigos e passatempos.

Não é que Carl não quisesse a compensação futura de sua meta. Ele e a esposa pensavam em ter um segundo filho e o aumento de salário que acompanharia a promoção tornaria isso muito mais. Na verdade, o crescimento da família era o principal motivador sincero de Carl por trás de sua meta. Mas, mesmo assim, ele sentia um certo receio em relação aos próximos meses, por tudo de que precisaria desistir. E sentia-se ansioso pensando se estaria à altura da meta.

Para ajudar a permanecer motivado e no caminho de sua meta que desafia, Carl pensou seriamente nos benefícios futuros para ver o que seria capaz de transferir para o presente. Embora ele e a esposa tivessem tomado uma decisão firme de "não ter o bebê enquanto não houvesse mais dinheiro", ainda assim poderiam criar algum entusiasmo em relação ao crescimento da família. Obviamente, a prática para quando chegasse o dia é um benefício que a maioria pode entender. Carl também decidiu começar a preparar o quarto do bebê, como uma forma de trazer para o presente alguns dos benefícios futuros. "Só de preparar o quarto eu me lembro do motivo pelo qual estou me esforçando tanto agora", diz Carl. "Enquanto pintamos as paredes, eu e a minha esposa nos sentimos animados com a perspectiva de ter um bebê. Podemos não ser capazes de fazê-lo hoje, mas estamos mantendo o entusiasmo vivo, e isso realmente me ajuda a me levantar todos os dias e fazer o que preciso fazer."

Truque nº 3: Faça os benefícios parecerem melhores

Uma das incoerências mentais que as pessoas muitas vezes têm é ver os custos em termos muito concretos e os benefícios em termos muito abstratos (esse conceito foi apresentado no capítulo "Animação"). Se fosse descrever os custos de minha dieta atual, poderia fazer uma lista muito concreta de 1 quilômetro de comprimento: não posso comer três fatias de pizza ou muitas coxinhas de frango, preciso desistir de bolo de chocolate, não jantar mais em restaurantes, não comer tomates verdes fritos com molho de creme de raiz-forte, vou passar fome à noite e assim por diante. Observe como essa lista é específica, concreta e longa.

Agora, se esquecesse de tudo o que sei sobre as metas que desafiam e descrevesse os benefícios de minha dieta, a lista poderia ser mais ou menos esta: vou ser magro, vou me sentir melhor comigo mesmo, vou viver mais tempo e ser saudável. Notou como essa lista de benefícios é mais curta e muito mais abstrata do que a lista de custos? Se você se lembrar do capítulo "Animação" onde comentei como nos lembramos menos de palavras abstratas, não é de admirar que os benefícios pareçam escassos em comparação com os custos.

Usando algumas das técnicas que aprendemos no capítulo "Animação", podemos considerar os benefícios futuros e torná-los muito mais concretos. Em vez de dizer: "Vou ser magro", poderíamos dizer: "Vou usar aquelas calças de brim azul-escuro que não uso há oito anos e vou combiná-las com uma camisa polo de um número que não serviu que comprei pela internet e que ainda não pude usar". Se você é o CEO de um hospital, em vez de dizer: "Vamos uma criar uma cultura que valorize a segurança do paciente", você poderia dizer: "Vamos relatar cada único erro que poderia ter prejudicado um paciente, mesmo que não tenha chegado a prejudicá-lo, e dentro de 72 horas vamos aprender pelo menos duas lições corrigíveis e implementar uma solução dentro de 96 horas depois disso, para que cada médico e enfermeira saiba com certeza que a segurança do paciente é nossa prioridade número um". Você vai querer literalmente detalhar cada benefício que terá por atingir essa meta e, usando as técnicas que apresentei no capítulo "Animação", certificando-se de que os benefícios sejam concretos, visuais, animados e assim por diante.

Truque nº 4: Minimizar seus custos

É claro, seria bom se você simplesmente conseguisse fazer seu cérebro parar de perseverar em todos os custos em que vai incorrer para realizar uma meta. Mas desligar o cérebro é algo difícil de fazer. Rápido, não pense em um elefante cor-de-rosa – não importa o que faça, não se atreva a imaginar um elefante cor-de-rosa no meio do seu quarto! Difícil, não é? Pense assim: não gosto de alturas, por isso, se fosse no alto de uma laje, realmente não iria querer olhar para baixo. Mas se alguém me disser: "Não olhe para baixo", é claro que vou olhar para baixo. Por quê? Porque antes de negar um pensamento (não olhe para baixo), primeiro preciso acessar esse pensamento (olhe para baixo). Então eu penso: "Olhe para baixo, não, espere, eu deveria negar esse pensamento, droga, é tarde demais, já olhei para baixo... Arrggh!".

Não vou lhe dizer para tentar negar que suas metas têm alguns custos (nunca direi para você não olhar para baixo). Em vez disso, direi: "olhe para cima" – considere seus custos e reformule cada um deles como um benefício. Vamos começar com a meta da dieta, com a qual a maioria tem alguma ligação. Digamos que hoje à noite você vá sair para jantar e toma uma decisão de renunciar ao bolo de chocolate na sobremesa. Quais são os custos disso? Um custo fácil é que você precisará formalmente recusar o bolo; precisará suportar a dor emocional de dizer não. Agora, esse custo tem alguma vantagem? Existe alguma maneira de você se beneficiar com esse ato de dizer não?

Bem, se fosse comigo, eu diria o seguinte. Em primeiro lugar, recusar o bolo mostra que tenho força mental. Li uma entrevista com Lance Armstrong* um tempo atrás em que ele basicamente disse que adora quando a corrida se torna difícil. Quando é um festival de dor ele ganha sempre, porque é mais resistente, com melhor tolerância à dor do que ninguém. Portanto, neste caso, sou como Lance Armstrong, não é legal?

Outra vantagem é que isso prova que estou totalmente comprometido com minha meta de perder peso. Recusar o bolo mostra que estou comprometido com ela em longo prazo; sem dúvida vou atingir minha meta. E lembre-se de que um dos fatores que fazem nossas taxas de desconto serem tão altas é que achamos o futuro muito incerto. Portanto, quando você combate a incerteza com a certeza, as taxas de desconto caem, os benefícios futuros parecem mais atraentes e assim por diante. Ou, dito de outra forma: "Nada vai se interpor em meu caminho, ninguém vai me atrasar, oh não..."*

Existem duas perguntas muito boas que você pode se fazer, a fim de reformular um custo como um benefício. A primeira é: o que vou aprender com isso? E a segunda e: como o custo mostra meu compromisso com uma meta ainda maior? Vamos dar uma olhada:

O que vou aprender com isso?

Um de nossos estudos sobre metas revelou que as pessoas realmente gostam de aprender, que o ganho de novos conhecimentos ou habilidades é um benefício extremamente gratificante por si só. Vamos aprofundar esse assunto no capítulo "Dificuldade", mas agora quero apresentar alguns resultados pensando em funcionários que terão de aprender novas habilidades para realizar suas metas de trabalho.

Aqueles que terão de aprender novas habilidades são:

- 22 vezes mais propensos a dizer: "Eu gostaria de passar minha carreira nesta organização".
- 17 vezes mais propensos a dizer: "Eu recomendo meu chefe para os outros como uma grande pessoa com quem se trabalhar".
- 21 vezes mais propensos a dizer: "Eu recomendo essa organização para os outros como um ótimo lugar para se trabalhar".

Quando puder avaliar uma meta que desafia e dizer: "Sabe, esta foi realmente difícil, mas, uau!, adquiri uma porção de novos conhecimentos", você estará significativamente mais propenso a ficar depois disso com uma sensação de autonomia e profundamente comprometido com suas metas maiores. Por exemplo, quando renuncio ao bolo, aprendo uma série de novos conhecimentos. Aprendo a avaliar as calorias, aprendo a interpretar os sinais de meu corpo para distinguir entre os estímulos mentais de fome e uma necessidade física real de calorias, aprendo a tornar meu corpo mais eficiente, aprendo a controlar os pensamentos e desejos (como um mestre Jedi), aprendo formas inteligentes de saciar meu desejo de doces por algo de menor teor calórico, como as frutas e muito mais.

No plano de carreira para cargos de gerência geralmente se admite que existem alguns degraus que tornam a carreira um pouco mais fácil. Prestar vários tipos de consultoria, sobre estratégias, reestruturação de recuperação de empresas (onde comecei minha carreira) ou capital de risco, só para citar alguns, é visto como pontos de partida muito bons para iniciar uma carreira de gestão. Por quê? Porque a curva de aprendizagem é íngreme e toda empresa quer contratar pessoas que tenham um histórico de aprender muito, muito rapidamente e sob intensa pressão. De certa forma, os custos em que você incorre com essas metas não são realmente custos, são mais como os investimentos em sua formação pessoal, como uma pessoa melhor, mais ágil, mais inteligente, mais resistente.

Quando Quinn Taylor decidiu finalmente se organizar, isso pareceu a meta mais difícil que já tinha definido para si mesma. "O trabalho, a vida pessoal, meus filhos, a casa, tudo estava uma bagunça", admitiu ela. "Mas eu sabia que, se continuasse dessa forma, iria me destruir. Cometi tantos erros que a bagunça em minha vida quase me causou grandes problemas."

Atingir a meta que ela se propôs não era fácil. Desde o início, Quinn tinha uma vontade louca de largar tudo e correr. "Eu ficava tentando dizer a mim mesma que era só um pouco de caos, que não morreria por isso", disse ela. "Então precisei encontrar um jeito de ficar ligada a minha meta, assim cada dia resolvo parte da bagunça e torno minha vida melhor."

O que acabou convencendo Quinn foi começar a aprender mais sobre si mesma depois de ter assumido o compromisso de realmente se esforçar para acabar com o caos. "Nunca tinha pensado sobre por que sou viciada em desordem, tanto material quanto mental", disse Quinn. "Essa era apenas mais uma maneira de evitar estar presente de verdade. Minha confusão me fez perder uma porção de coisas boas na vida, como alguns momentos importantes com meus filhos. Estou sempre lutando até o último minuto para encontrar isso, fazer aquilo, consertar aquilo outro. É preciso ter muita energia. E antes causava um impacto negativo não só em minha vida, mas também em minha família. Hoje estamos todos muito mais felizes."

Quinn aprendeu algo mais sobre si mesma também, algo que vai ajudá-la a saber estabelecer melhor suas metas no futuro. "Acho que a coisa mais notável ao me organizar foi ter conseguido isso. Realmente, achei que não seria capaz, mas fui. Não foi fácil, mas segui em frente e fui bem-sucedida. Agora me sinto muito mais confiante em relação a outras coisas que quero enfrentar ou mesmo metas maiores. Aprendi que não devo permitir que meu cérebro mude para o modo de 'isso é impossível' quando tenho uma ideia. Em vez disso, penso: 'Uau, posso realmente fazer isso'. Isso me dá mais poder."

Como o custo demonstra meu compromisso com uma meta maior?

É importante lembrar que as metas não são geralmente um fenômeno em que é "tudo ou nada". Você pode conseguir pequenas partes de uma meta maior (como renunciar ao bolo hoje à noite é uma pequena parte da meta maior de perder peso). Mas a maneira como vemos nossas realizações nessas parte poderá afetar nosso compromisso com a meta maior.

Algumas pesquisas recentes sugerem que, quando as pessoas veem sua realização numa parte pequena como um evento distinto que é separado da meta maior, isso realmente enfraquece sua motivação para continuar se empenhando em direção a essa meta maior. É como se o cérebro dissesse: "Ufa, foi difícil, mas pelo menos acabou e agora posso parar de trabalhar". Mas quando as pessoas veem a pequena realização como uma demonstração de seu compromisso com a meta maior, bem, não é de surpreender que fiquem ainda mais comprometidas com a meta maior. Assim, sempre que você tiver essas realizações que são partes menores de uma meta maior, não se esqueça de dizer a si mesmo como isso demonstra seu compromisso com a meta maior.

Howie Peirce estava na plateia de uma de minhas palestras. Depois de um bate-papo rápido (e um livro autografado), ele me disse: "Tenho muita dificuldade de terminar as coisas. Sou o rei da procrastinação". Ele disse isso com um sorriso, mas depois de falar com ele por alguns minutos, inevitavelmente ouvi-o admitir que não estava realmente rindo. "Então defini uma meta que desafia de acabar tudo", disse Howie, "começando por minha meta de acabar as coisas!"

Nem todos os dias é perfeito para Howie. "Faço muito esforço em alguns dias, não vou mentir", diz ele. "Mas vejo cada dia como um novo desafio. Como hoje, meu chefe me pediu para atualizar parte de nossa planilha financeira trimestral. Não é grande coisa, mas normalmente iria me distrair com alguma coisa e me esquecer de fechar o ciclo, informando a todos os integrantes da equipe que o trabalho tinha sido feito, coisas assim. Mas hoje não. Me preocupei com minha tarefa até o fim. Realmente é bom saber que não estou deixando meus companheiros de equipe na mão, com problemas de controle por falta de dados no relatório."

A meta de Howie é um esforço para toda a vida, assim como a meta de Quinn de ser organizada. Nos dois casos, se não virem seus esforços diários para cumprir a meta como um compromisso com a meta maior, seria muito fácil desanimar, cair fora e fracassar.

Truque nº 5: Ataque sua taxa de desconto diretamente

As pessoas sempre me perguntam se é possível atacar sua taxa de desconto diretamente. Afinal, se esse é o problema real, por que não simplesmente torná-lo menor? Bem, nossas taxas de desconto individuais variam em função do modo como vemos o mundo, o futuro, nossas metas, nossas habilidades, nosso sentido do tempo e muito mais. Nossa taxa de desconto é um reflexo de nossos traços de personalidade mais profundos. Assim, apesar de tudo, é uma coisa difícil de mudar. No entanto, nem tudo está perdido porque há algo que podemos fazer.

No conjunto, nossas taxas de desconto refletem nossos sentimentos, mas muitas vezes não refletem a realidade. Eu poderia escolher entre fumar cigarros e comer aquele bolo, porque realmente desconto/desvalorizo o futuro. Afinal, poderia ser atropelado por um ônibus no próximo mês, de modo que se dane, o negócio é aproveitar o dia. Ou me sinto invencível, o que também distorce completamente a minha taxa de desconto e o sentido de futuro. Mas a realidade é que não corro o risco de ser atropelado por um ônibus, nem sou suscetível de ser invencível. É muito mais provável que venha a ter alguma doença muito dolorosa e sofra por um longo tempo – ataque cardíaco e câncer de pulmão não são doenças divertidas. O problema é que temos uma porção de "pensamentos em preto e branco" que muito raramente correspondem à realidade.

Então aqui está o que você pode fazer: faça uma avaliação comparativa de si mesmo (*benchmark*). Saia e encontre pessoas semelhantes a você; reúna uma boa quantidade de comparações e monitore seus altos e baixos, comportamentos, resultados, metas, sucessos, fracassos e assim por diante. (Se estiver pensando que as mídias sociais como Facebook e Twitter são boas para isso, você está certo.) Basicamente, você precisa de um conjunto de dados para comparação para ter uma noção melhor de como vê o futuro. E, comparando-se com essas pessoas, comece a ajustar sua taxa de desconto. Se nenhuma delas foi atropelada por um ônibus, então talvez você aprenda alguma coisa sobre a probabilidade estatística de isso acontecer. Se dois perderam o emprego, talvez isso ajuste sua taxa de desconto para o planejamento da aposentadoria. E se estiver se comparando com um grupo de CEOs e 80% das empresas deles estão tendo dificuldade de crescer, então talvez isso afete o modo como você avalia os custos e benefícios de suas metas.

Truque nº 6: Limite as suas opções

Existe uma técnica final para controlar seu cérebro e criar um sentido muito mais profundo da necessidade de suas metas. Ela se resume em limitar o número de alternativas que você tem para atingir suas metas. Tornou-se um truísmo aceito que mais escolhas é sempre melhor. Mas a verdade é que muitas escolhas podem realmente prejudicar nossa capacidade de atingir nossas metas. Quando vamos a um restaurante, queremos poder decidir o que queremos com base em como nos sentimos no momento, gostamos de manter nossas opções abertas. Mas quando vivemos aquele momento, olhando para todas aquelas opções de sobremesas, podemos nos tornar mentalmente sobrecarregados, perder o foco e começar a fazer escolhas que reduzem nossas metas. (Se você olhar para o carrinho de sobremesas quase ilimitadas e não tiver um plano claro, coisas ruins vão acontecer.)

Pesquisadores das universidades de Columbia e Stanford, liderados por Sheena S. Iyengar e Mark R. Lepper, fizeram algumas descobertas fascinantes sobre o quanto muitas escolhas é demais.[7] Em um estudo, os pesquisadores montaram expositores com geleias gourmet de uma mercearia especializada. Em um expositor, os clientes que passassem por ali poderia provar 24 sabores diferentes de geleias, ao passo que no outro expositor havia apenas a opção de saborear seis diferentes sabores.

Bem, mais escolhas é melhor, certo? Inicialmente, os clientes pensavam assim, uma vez que 60% dos transeuntes pararam no expositor com 24 geleias e apenas 40% dos passantes pararam no expositor de seis sabores. Mas foi então que ter uma porção de opções deixou de ser uma coisa boa. Dentre todos os transeuntes que pararam para o expositor de degustação de 24 sabores, apenas 3% realmente acabaram comprando uma geleia. Mas entre os clientes que pararam no expositor de seis sabores, 30% acabaram comprando uma geleia. Essa foi uma taxa de conversão do cliente 10 vezes melhor e resultou de oferecer menos opções, não mais.

Sheena Iyengar realizou uma pesquisa semelhante observando a participação em um plano de aposentadoria oferecido pelo empregador.[8] É claro que as empresas acham que as pessoas querem muitas opções, então quando oferecem um plano de aposentadoria do empregador, dão aos funcionários uma grande quantidade de opções de investimentos diferentes para escolher. Mas, como o estudo das geleias, quando uma empresa oferece mais opções de fundos de investimento, a participação dos trabalhadores no plano de aposentadoria diminui. Por exemplo, quando o plano de aposentadoria oferecesse só dois fundos para o investimento, os índices de participação dos trabalhadores chegou até a 75%. Mas quando o plano de aposentadoria ofereceu 59 fundos diferentes para escolher, os índices de participação dos trabalhadores caiu para cerca de 60%. Na verdade, para cada acréscimo de 10 opções de fundos de investimento, os índices de participação dos trabalhadores diminuiria 2%.

Entre parênteses, você já se perguntou por que a Amazon.com faz "recomendações" para você? (Se comprar muitos produtos deles, eles começam a analisar suas compras e usá-las para recomendar outros produtos que você estatisticamente teria probabilidade de desfrutar.) É claro, a Amazon quer ser útil. Mas, mais fundamentalmente, está tentando limitar suas opções (embora de uma forma muito agradável e útil). Ela sabe que, se você vir muitas opções em uma página, não acabará comprando nada. Mas se limitar suas opções a apenas algumas recomendações, será muito mais provável que realmente compre uma delas.

Devo observar que, nos estudos, as pessoas inicialmente diziam que queriam mais opções. Mas, quando receberam mais opções, acabaram ficando menos satisfeitas com suas compras e se arrependeram muito mais. Por outro lado, as pessoas que receberam menos escolhas ficaram significativamente mais felizes, tiveram menos arrependimento e, no caso do primeiro estudo que mencionei, ficaram 10 vezes mais propensas a comprar algo.

Lembre-se de que o cérebro está sempre calculando os custos e os benefícios. Quando vemos muitas escolhas, o cérebro fica sobrecarregado e trava como um laptop barato. Portanto, antes de entrar em uma situação com muitas escolhas, diminua suas opções e depois escolha uma. Nos estudos que mencionei, os bons resultados foram aqueles em que as pessoas faziam uma compra ou optavam por um plano de aposentadoria. Quando se trata de metas, os bons resultados são aqueles em que você se atém a suas metas e os resultados ruins são aqueles em que você faz algo claramente incoerente com esse fim.

Portanto, reduza suas escolhas e terá uma chance muito melhor de realizar suas metas. Leia o cardápio do restaurante antes de sair para jantar, assim não ficará sobrecarregado pelo carrinho de sobremesas, devorando aquele bolo de chocolate e passando as horas seguintes se recriminando. Planeje suas idas à academia bem antes de ter aquele longo dia de trabalho e depois perder a vontade de ir. Não compre para sua empresa aquela biblioteca de treinamento pela internet que tem 300 títulos de cursos diferentes para depois simplesmente a distribuir, esperando que seus funcionários tenham uma repentina compulsão educacional; escolha uma variedade limitada de cursos específicos que deseja que todos façam.

Finalmente, sempre que tiver um prazo para qualquer tipo de meta, não se dê muitas opções. Em um estudo, os pesquisadores Dan Ariely (autor do fantástico livro *Previsivelmente irracional*) e Klaus Wertenbroch analisaram como as pessoas estabeleciam seus próprios prazos em um curso e o que acontecia com suas notas ao fazê-lo.[9] Tratava-se de um curso de formação de executivos do MIT (em outras palavras, não um curso de calouros, mas de profissionais experientes que estavam pagando uma boa soma de dinheiro por um conhecimento de alto nível). Nesse curso em particular, pediu-se aos alunos que redigissem três artigos. Em um grupo, eles receberam uniformemente prazos espaçados (um artigo para depois de cada terça parte do curso). O outro grupo poderia definir os próprios prazos. Por exemplo, poderia optar por entregar os três artigos no último dia (a única ressalva era que esses prazos deveriam ser escolhidos no início do curso e fossem cumpridos). Agora, racionalmente, todo mundo quer o máximo de tempo possível (em outras palavras, entregar os três artigos no último dia de aula), porque já teria aprendido mais no curso, talvez quisesse encontrar uma sinergia entre os trabalhos e assim por diante. Mas realmente não funcionou dessa maneira.

Os alunos que receberam os prazos uniformemente espaçados tiveram notas melhores do que aqueles que escolheram seus próprios prazos (mesmo que a livre escolha sempre seja melhor). Mas outro fator interessante foi que as pessoas que escolheram seus próprios prazos, mas deram-se prazos uniformemente espaçados (de maneira semelhante ao grupo sem escolha), teve notas basicamente semelhantes às do grupo sem escolha (e melhores do que as pessoas que entregaram os três artigos no último dia). Assim, a lição parece ser que, quando tiramos algumas escolhas, estruturamos o pensamento e nos forçamos em um sentido arbitrário de urgência, temos um desempenho melhor.

A ANIMAÇÃO E A NECESSIDADE SÃO GRANDES ALIADAS

O efeito doação é um de meus preconceitos psicológicos favoritos. Descoberto por Richard Thaler, e inspirado por Amos Tversky e Daniel Kahneman, basicamente significa que as pessoas dão mais valor a objetos que possuem do que a objetos que não possuem. Por exemplo, digamos que você tenha uma caneca de café simples de cerâmica vermelha e eu queira comprá-la de você. Há uma boa chance, de acordo com uma série de experimentos reais sobre esse assunto, que você me diga: "Não vendo essa minha caneca por menos de 7 reais". No entanto, se você entrasse em uma loja para comprar uma caneca de café exatamente igual, há uma boa chance de que não pagasse mais de 3 reais por ela. Como você explica essa discrepância? Nós valorizamos mais as coisas que possuímos do que as coisas que não temos ainda.

Um de meus experimentos favoritos sobre esse tema envolve pizza (e você já sabe sobre minha ligação sincera com a pizza). Irwin Levin, da Universidade de Iowa, e Marco Lauriola, da Universidade La Sapienza, de Roma, Itália, quiseram ver como o efeito doação influenciaria a compra de pizza.[10] Alunos da faculdade em Iowa e na Itália receberam a incumbência de fazer sua própria pizza selecionada de um cardápio de doze ingredientes (se todos os experimentos fossem assim, eu faria minha carreira como uma cobaia de pesquisa permanente).

Na versão estadunidense, os alunos foram divididos em dois grupos: um chamado Condição Adicionar e o outro Condição Subtrair. No grupo Condição Adicionar, os participantes começavam com a descrição de uma pizza de mozarela "básica", sem ingredientes extras, e eram convidados a escolher coberturas adicionais, como de cogumelos, pimentão, abacaxi, pepperoni e assim por diante, ao preço de US$ 0,50 cada uma. Na Condição Subtrair, os participantes começavam com uma pizza "super", com os doze ingredientes, e eram informados de que o preço seria reduzido em US$ 0,50 a cada cobertura que fosse subtraída. Os dois grupos foram informados de que deviam adicionar ou excluir ingredientes como quisessem até chegarem a sua pizza preferida. A versão italiana do experimento foi basicamente a mesma, mas alguns ingredientes foram adaptados ao gosto italiano (pepperoni e abacaxi foram substituídos por linguiça italiana apimentada e legumes italianos) e os estudantes italianos também foram convidados a escolher os ingredientes para uma salada. (Salada, hein? Há provavelmente algum tipo de lição de vida saudável em algum lugar.)

Agora, o grupo Condição Subtrair é do tipo que toma posse da pizza. Você imagina a pizza com todos os seus ingredientes; na medida em que o cérebro está envolvido, essa é sua pizza. Se alguém tentasse tirar esses ingredientes, o cérebro diria: "Ei, esses são meus pimentões, meu pepperoni e minha linguiça!" Mesmo que você não adore pimentão ou linguiça, seu cérebro diz: "Isso é meu, sou seu dono", e assim não está disposto a abrir mão de nada. Mas, no grupo Condição Adicionar, tudo que realmente se tem é a pizza de mozarela básica. Os ingredientes extras não são mentalmente propriedade do cérebro, ele não os imagina em sua pizza ainda, então simplesmente não se importa tanto se acabarem em sua pizza ou não.

O experimento confirmou esse pensamento. Em Iowa, os alunos do grupo Condição Adicionar acabaram com 2,7 ingredientes em média. Mas os estudantes do Condição Subtrair, que mentalmente tinham a propriedade dos ingredientes e, portanto, estavam muito menos dispostos a abrir mão deles, em média terminaram com cerca de 5,3 ingredientes. Se você começasse com a pizza "supercompleta" e tivesse de subtrair ingredientes, gastaria cerca de US$ 1,29 a mais por sua pizza do que as pessoas que começaram com apenas uma pizza mozarela. O experimento italiano mostrou a mesma coisa, e até mesmo nas escolhas da salada: se começassem com a salada completa, acabavam com o dobro de coberturas. (Sim, cada vendedor e comerciante do planeta deve estar colado a esta página agora.)

Então, o que significa tudo isso? Se você considerar as lições do capítulo "Animação" – animar e visualizar sua meta, tornando-a viva em sua cabeça –, elas se parecem muito com a Condição Subtrair do experimento pizza. Se você considerar a posse mental dessa meta em sua mente – é sua, você tem a posse dela –, então, em uma reação a qualquer atividade que tente roubar a meta de você (seja a procrastinação, seja algo conflitante), seu cérebro vai dizer: "Quero minha maldita meta, comece a se mexer! Pare de fazer aquela outra coisa que está roubando o tempo de minha meta e ande logo!".

Portanto, uma forma de fazer sua meta realmente necessária é torná-la animada. Quando você traz o futuro para o presente com uma imagem incrivelmente nítida de sua meta, seu cérebro toma posse dela, ele a quer aqui e agora. É como a superação do desconto do futuro que seu cérebro faria normalmente. E, assim como aconteceu com os ingredientes da pizza, seu cérebro estará disposto a pagar mais para manter a posse dessa meta. Seu cérebro pode tocar, cheirar, sentir e saborear essa meta em sua imagem mental e está disposto a pagar um preço muito mais alto para mantê-la. Se você disser a seu cérebro: "Desculpe, estava apenas brincando com você com essa imagem vívida, não estamos nem perto da meta ainda", seu cérebro vai lhe responder: "Então mexa-se e comece a trabalhar nessa meta, porque provei a pizza com pimentão e linguiça, e agora quero mais".

RESUMO

A procrastinação é a destruidora número um das metas que desafiam. Mas isso não significa que suas metas tenham de ser sua próxima vítima. Você pode usar os truques apresentados neste capítulo para alterar a forma como vê e valoriza seus ganhos futuros, para que eles se tornem mais atraentes do que o que a situação atual lhe oferece. Você precisa transferir alguns custos imediatos de sua meta para o futuro, a fim de sincronizar os custos e benefícios – ou, inversamente, transferir alguns benefícios futuros de sua meta para o presente. As duas coisas farão sua meta parecer muito mais atraente e aumentarão sua urgência de atingi-la.

É fácil considerar todas as coisas que você precisa sacrificar para realizar sua meta e esse tipo de lista pode ser desalentadora de verdade. Mas você pode superar essa negatividade com outro tipo de lista, detalhando as formas específicas e concretas com que sua meta fará sua vida muito melhor. E quanto a atacar diretamente a maneira como você desconta o valor do futuro? Esqueça o que já ouviu falar sobre não se comparar aos outros e faça isso mesmo. Com um pouco de comparação, você pode recalcular sua taxa de desconto e tornar mais fácil começar sua meta hoje. Além disso, limite suas opções e facilite a escolha de uma meta. E, finalmente, assuma a propriedade mental de sua meta. Depois de ter sentido o gosto, seu cérebro nunca vai abandoná-la.

Obtenha mais exemplos e ferramentas em www.hardgoals.com.

Capítulo 4

DIFICULDADE

Na Introdução, pedi que você fizesse um pequeno exercício em que devia citar as realizações mais importantes e significativas de sua vida, profissionais, pessoais ou outras quaisquer. Por exemplo, "Quando comecei uma nova empresa", "O dia em que corri a Maratona de Boston (e todo o treinamento que levou a isso)", "De pé no portão de partida nas Olimpíadas", "Este produto inovador que inventei", "Quando curei a doença de meu filho" ou "Quando recebi meu diploma universitário". Lembre-se, não depende de ninguém a não ser de você mesmo nomear as vitórias que foram mais importantes em sua vida.

Agora, quero que considere qualquer resposta que tenha dado e pense no seguinte:

- Essas conquistas foram fáceis ou difíceis de realizar?
- Será que empenhei pouco ou muito esforço?
- Já sabia tudo de que precisava saber quando comecei ou tive de aprender novas técnicas para ter sucesso?
- Estava completamente livre de preocupações, tinha algumas dúvidas ou até mesmo senti algum nervosismo ao longo do caminho?
- Estava totalmente relaxado ao longo do processo ou fiquei empolgado (animado, alerta, com a frequência cardíaca elevada e assim por diante)?

Portanto, o que você aprendeu sobre si mesmo e sobre sua história com as metas difíceis? Pessoalmente, todas realizações notáveis que pratiquei foram difíceis. Foram difíceis de fazer, exigiram um grande esforço, tive de aprender coisas novas, passei por momentos de preocupação e, sim, estava totalmente empolgado, tanto que todas as outras coisas não foram uma ameaça como poderiam ter sido. E tenho um ponto de referência (como você), porque obviamente fiz milhões de coisas que não eram difíceis (como comer pizza ou ler um livro). Também fiz uma porção de coisas realmente difíceis que não foram particularmente notáveis (como assistir a qualquer filme com Ben Affleck). Mas, geralmente, quando olho para minhas maiores e mais significativas realizações, cada uma delas exigiu um empenho sério de minha parte.

Fiz as mesmas perguntas a dezenas de milhares de pessoas, participantes de nossos estudos formais, fossem apenas integrantes da audiência de minhas palestras. E o que posso dizer é que, de maneira esmagadora, as maiores realizações da maioria das pessoas eram difíceis, com quantidades necessárias de esforço, dependeram de aprender novas técnicas, causaram algum nervosismo e deixaram a pessoa sentindo-se empolgada e animada. Assim como eu.

Agora que sabemos que nossas maiores realizações exigem esforço, aprendizagem e assim por diante, vamos levar esse exercício um passo adiante. Usando essas mesmas realizações significativas e importantes, faça a si mesmo as seguintes perguntas:

- Minhas realizações me deixaram indiferente ou radiante de orgulho?
- Se senti orgulho, foi passageiro, ou ainda tenho uma sensação de orgulho, meses ou até mesmo anos depois?
- Cada realização foi apenas uma ação única na época ou me sinto como uma pessoa melhor (mãe, profissional e assim por diante) por tudo o que aprendi e realizei em consequência disso?

Com certeza, avaliei dezenas de milhares de pessoas, mas, mesmo que não o tivesse feito, minha própria experiência me diz que minhas realizações mais significativas me deixaram radiante de orgulho, mesmo anos mais tarde. Também sou uma pessoa melhor, melhor pai, marido e CEO, por ter realizado cada uma de minhas metas que desafiam, não importa o quanto tenham sido difíceis de realizar. Mas mesmo que uma meta tenha sido difícil, um verdadeiro desafio, não sinto nenhum remorso (como em relação assistir aos filmes de Ben Affleck). Sinto-me orgulhoso, forte, confiante e significativamente mais competente. Será que um dia irei disputar uma maratona olímpica? Provavelmente não; nesse caso, é preciso ter um certo talento inato. Mas levarei minha maratona comigo, por mais lenta que tenha sido, por todos os dias do resto de minha vida.

Sinto-me muito confiante quando digo que você provavelmente se sente da mesma maneira. Porque os resultados de todos os estudos que fazemos, as respostas de cada público a que pergunto, indicam a mesma coisa. É raro uma pessoa que não possa dizer: "Minhas maiores realizações estão entre minhas maiores fontes de orgulho e respeito próprio, não importa há quanto tempo ocorreram, e sou uma pessoa melhor por tê-las conquistado".

Espero que, assim como eu, você encontre essa prova bastante animadora. Você e eu fizemos grandes coisas e, apesar de serem difíceis, nós dois ficamos felizes por elas. Estamos mais fortes, mais inteligentes, melhores e mais realizados por termos passado por elas. A propósito, é disso que todo este livro trata: melhorar nossa caixa de ferramentas para o estabelecimento das metas, para enfrentarmos muito mais desafios muito grandes assim e nos sentirmos ainda mais realizados e satisfeitos como resultado. E este capítulo em especial vai ajudá-lo a estabelecer metas que são difíceis o bastante para exigir o que você tem de melhor.

TEMOS UMA CAPACIDADE NATURAL PARA REALIZAR METAS EXTREMAMENTE DIFÍCEIS

Lembra-se de Lyle Nelson, quatro vezes esportista olímpico, que mencionei anteriormente? Ele sabia desde muito cedo que um dia faria parte dos Jogos Olímpicos. "Quando eu tinha 15 anos, a equipe nacional olímpica veio treinar em minha cidadezinha", diz Lyle. "Um dos atletas me perguntou se queria esquiar com a equipe. É claro que disse sim. Eles provavelmente estavam num dia de folga, esquiando devagar, mas eu não sabia disso então. Disse a mim mesmo: "Ei, sei fazer qualquer coisa que esses caras fazem. Sou como eles'. Minha autoimagem foi subindo. Ficou enorme. Naquela noite, quando voltei para casa, assumi o compromisso inabalável de me tornar um atleta olímpico." Bem, como sabemos, Lyle conseguiu tornar essa meta uma realidade, quatro vezes.

A esta altura, você pode estar reconhecendo um tema subjacente em tudo o que leu até agora. Acredito, e assim também pensa uma porção de outros especialistas, que a esmagadora maioria dos seres humanos tem um potencial enorme não explorado. É por isso que as metas que desafiam funcionam tão bem – elas foram criadas para ajudar a desencadear a grande possibilidade que já existe dentro de você. Tudo bem, talvez você não venha a ser um esquiador olímpico como Lyle, ou um bilionário, CEO, supermodelo ou laureado com o Nobel. Mas deixe-me primeiro dizer que uma boa parte do que determina nossos resultados finais é resultante de nosso desejo de atingir esses resultados, e nem todo mundo quer ser essas coisas. Mas isso não significa que cada um de nós não tenha metas que desafiam perfeitamente viáveis que deseja atingir.

Em segundo lugar, mesmo que não estejamos visando aos Jogos Olímpicos, praticamente todos podemos melhorar radicalmente nossa situação financeira, correr uma maratona, progredir na carreira, ser saudável e fortalecer o intelecto. Com um pequeno aceno de cabeça para as forças armadas dos EUA aqui, cada um de nós pode maximizar seu potencial humano (você sabe, ser tudo o que pode ser).

O outro lado dessa ideia é outro tema importante que você sem dúvida notou ao longo deste livro: quando as pessoas realizam abaixo de seu potencial, geralmente é mais uma questão de motivação do que de talento inato. Isso é realmente importante, então deixe-me repetir: em geral, todos temos o talento inato de que precisamos para atingir as metas extremamente difíceis. E se não estamos cumprindo essas metas difíceis, geralmente não é por falta de talento: é por falta de motivação.

É por isso que fico irritado quando ouço o grupo fatalista que pensa que "tudo é genético" dizer que nossa vida está predeterminada por nosso DNA (se você não tem o talento natural, ah bem, não desperdice sua energia tentando). Ou quando ouço o grupo da "felicidade" dizer que o caminho mais seguro para a realização é parar de tentar com tanto afinco, é só ficar sentado e agradecer pelo que temos a nossa frente.

Vou lhe dizer por que sou grato: sou grato por Thomas Jefferson, Abraham Lincoln, John F. Kennedy, Martin Luther King Jr., Mahatma Gandhi e Madre Teresa de Calcutá, entre outros, não aceitarem nenhum desses argumentos malucos. Sou grato que cada um deles estivesse disposto a superar o que era fácil no passado para atingir algumas metas excepcionalmente difíceis. Caso contrário, não teriam fundado um país, colocado um homem na Lua, libertado uma nação, libertado um povo e assim por diante.

Em vez de usar um estudo para provar meu argumento sobre "potencial humano", vamos fazer um pouco de exercício (o qual às vezes uso em palestras em empresas, por isso funciona muito bem com grupos, como se você estivesse lendo este livro para um grupo em clube do livro – apenas uma sugestão).

Pense nas pessoas que trabalham com você. Se seu trabalho é dentro de casa ou você não tem colegas de trabalho, pense em um grupo de pessoas com as quais você interage regularmente, talvez as pessoas que, voluntariamente ou outros pais, interagem com você para fazer coisas acontecerem na escola de seus filhos. Agora, classifique mentalmente essas pessoas nas três categorias seguintes: alto desempenho, médio desempenho e baixo desempenho.

Para quem disser: "Isso não se aplica a mim porque todas as pessoas que conheço e com quem trabalho são superincríveis", permita-me oferecer um pensamento rápido. Não importa o quanto o desempenho de sua equipe possa ser alto, praticamente todos os grupos podem ser diferenciados em três categorias. O Chicago Bulls venceu o campeonato da NBA em 1991, 1992, 1993, 1996, 1997 e 1998, todos com a mesma equipe central básica. Agora, quem apresentou o maior desempenho da equipe? Mesmo os que não são fãs de basquete sabem que a resposta é Michael Jordan. Quem foi o jogador com desempenho mais próximo? Scottie Pippen.

Mesmo só levando em conta esses dois grandes jogadores de todos os tempos, houve uma diferença significativa em seus respectivos desempenhos. Certamente, havia jogadores com desempenho médio nas equipes, mas não vou me incomodar em citá-los. (Tudo bem, a verdade é que realmente não me lembro de todos os nomes. E se apenas citar dois ou três vou deixar de fora o restante, mas essa é apenas mais uma prova de que eles tiveram, na realidade, desempenho mediano.) E há também os que apresentaram um baixo desempenho, a maioria dos quais ficou no banco ou foi vendida. Assim, se uma das melhores equipes de basquete profissionais da história apresentou alto, médio e baixo desempenho, é seguro acreditar que suas equipes e seus colegas de trabalho também o façam.

Agora que você já identificou as pessoas de alto, médio e baixo desempenho em seu grupo, aqui está o exercício. Anote algumas das características das pessoas de baixo desempenho. Ou seja, se alguém lhe pedisse para explicar as razões pelas quais essa pessoa tem um baixo desempenho, o que você diria? Por exemplo, você poderia dizer que ele ou ela é negativa, ou causa problemas, ou só faz o mínimo e assim por diante. Se você tem problemas para decidir quem tem baixo desempenho, aqui vai um exercício rápido: pergunte a si mesmo quem lhe causa mais problemas emocionais. Embora possa haver diferentes tipos de baixo desempenho, frequentemente essas pessoas funcionam como vampiros emocionais. Elas não costumam sugar seu sangue, mas sugam sua vida. (Embora eu tenha ouvido que os vampiros estão por cima novamente... Assim, quem sabe o que vão fazer?) Essas são as pessoas que deixam você feliz quando há tráfego no horário de pico, porque isso lhe dá mais alguns minutos sozinho em seu carro sem precisar lidar com elas.

Agora, volte-se para as pessoas de alto desempenho e anote algumas características que as distinguem de todas as outras pessoas. Se tiver problemas para identificar seus funcionários de alto desempenho, basta pensar quem são pessoas para as quais você se volta quando as coisas ficam difíceis, as que veem mais longe, não importa o quê. Se você pudesse escolher colegas de trabalho como escolhia as crianças para uma pelada, não há dúvida quanto a isso: você escolheria essas pessoas em primeiro lugar.

Então, como ficou sua lista? Quando faço isso como um rápido exercício de grupo, normalmente obtenho listas que descrevem o baixo desempenho com adjetivos e qualificações do tipo: negativo, eu primeiro, arrastam os pés, fazem o mínimo, fofocam, causam problemas, são dramáticos, trazem problemas em vez de soluções, nunca são voluntários, estão mais preocupados em ganhar o crédito do que em fazer bem as coisas, dão desculpas e culpam os outros, irritam-se ao receber uma crítica, só para citar alguns. As listas de alta desempenho incluem expressões como: sempre dão 100%, não apenas identificam os problemas – resolvem, ensinam aos outros como ser melhor, mantêm a calma sob pressão, têm atitude positiva, aceitam as mudanças, estão sempre à procura de formas de melhorar e assim por diante.

O que se destaca a partir dessas listas é que, de maneira incontestável, as características que definem os desempenhos altos e baixos são de atitude, não intelectuais. Quando realmente paramos para pensar sobre o que separa as pessoas de alto e baixo desempenho, é raro dizermos: "As pessoas de baixo desempenho simplesmente carecem de habilidade". Assim como é igualmente frequente alguém dizer: "As pessoas de alto desempenho são apenas mais inteligentes". Na verdade, garanto que pelo menos algumas das melhores pessoas com quem você trabalha têm QI mais baixo do que algumas das piores pessoas com quem trabalha. Acredite ou não, há alguns mestres internacionais de xadrez com QI abaixo da média.

As pessoas que tornam sua equipe bem-sucedida normalmente não são mais inteligentes do que ninguém. E os colegas de trabalho que tornam sua vida realmente difícil não são de alguma forma carentes de pontos de QI (chatos, sim; idiotas, não). No mundo real, o talento puro não é o determinante predominante do sucesso. O que importa muito mais é o desejo, a ousadia, a ética no trabalho e a disposição de se esforçar para enfrentar grandes (e difíceis) desafios.

K. Anders Ericsson é um professor da Universidade Estadual da Flórida e um dos principais pesquisadores sobre a especialização. Ele é a primeira pessoa a desmitificar a ideia de que é de alguma forma o talento natural que determina o que as pessoas podem realizar. Ele diz: "A hipótese tradicional é de que as pessoas entram em um domínio profissional, têm experiências semelhantes e a única coisa que é diferente são suas habilidades inatas. Há pouca evidência para sustentar isso. Com exceção de alguns esportes, nenhuma característica do cérebro ou corpo constrange um indivíduo de chegar a um nível de especialista".

O editor da revista *Fortune*, Geoff Colvin, destila e expande maravilhosamente o trabalho de Ericsson e de outros importantes pesquisadores da especialização em seu livro *Talent Is Overrated* (O talento superestimado, em tradução livre).[2] E ele usa isso como evidência para provar o argumento de que a "falta de talento" não é simplesmente uma desculpa válida para não fazer grandes coisas.

Na maioria das coisas da vida, a atitude importa mais do que a aptidão. Por quê? Porque, se você tem a atitude certa, pode realizar suas metas que desafiam, ao mesmo tempo que aumenta significativamente sua aptidão. Considere um estudo de 1992 a que se refere Colvin, que classificou 257 estudantes de música por instrumento, idade, sexo e renda. Os pesquisadores perguntaram aos participantes do estudo sobre sua precocidade musical, o quanto praticavam e quais dos nove níveis padrão de desempenho musical tinham alcançado na escola. Aqui está o número um da grande descoberta: nenhuma medida profunda ou conclusiva da capacidade musical precoce pareceu mostrar uma correlação com o desempenho musical superior. O número dois da grande descoberta foi que os melhores estudantes praticavam duas horas por dia, contra os 15 minutos por dia que os alunos de mais baixos desempenhos dedicavam-se a praticar.

Colvin observa que, aos 18 anos, os melhores alunos de violino acumularam milhares de horas de prática. Os melhores tinham mais de 7 mil horas de prática, os médios em torno de 5 mil e os de terceiro nível tinham apenas cerca de 3.400 horas. Preste atenção, sei como é atraente dizer simplesmente: "Mas aquelas outras pessoas são naturalmente talentosas. É por isso que são capazes de fazer essas coisas realmente difíceis". Desculpe, mas os fatos simplesmente não correspondem a essa linha de pensamento. Na esmagadora maioria dos casos, as pessoas de maior desempenho eram mais motivadas, mais empenhadas e concentradas em enfrentar os desafios mais difíceis.

Nem Tiger Woods nem Wolfgang Amadeus Mozart chegaram a este mundo magicamente talentosos. Na verdade, ambos tiveram pais que eram professores ferozmente dedicados que investiram inúmeras horas instruindo os filhos, incutindo neles a ética do trabalho com a mesma ferocidade. Não importa para onde você olhe, a atitude gera a aptidão. E, como foi demonstrado pelas pessoas realmente inteligentes mas chatas e de baixo desempenho com as quais às vezes trabalhamos, praticamente nenhuma quantidade de aptidão pode compensar uma atitude muito ruim.

Então, qual é o sentido de tudo isso? As metas difíceis estão bem dentro de seu alcance, desde que você tenha a atitude certa para realizá-las completamente. Você já tem o talento inato necessário. Pode ainda não ter aprendido todas as técnicas de que precisa, mas vamos resolver essa questão em apenas alguns parágrafos. E, depois de ler este livro, você terá as ferramentas necessárias para encontrar o ímpeto, a motivação, a paixão, ou como queira chamar isso, para perseguir a meta que desafia de todo coração.

ATÉ QUE PONTO DIFÍCIL É DIFÍCIL?

Cerca de quarenta anos atrás, dois psicólogos fizeram progredir de maneira impressionante a ciência das metas difíceis. Devemos muito ao brilhantismo de Edwin Locke e Latham Gary (e às legiões de pesquisadores que eles inspiraram). Seus estudos científicos envolvendo mais de 40 mil pessoas ofereceram uma validação conclusiva de que as pessoas que estabelecem ou recebem metas específicas difíceis atingem níveis de desempenho muito maiores do que as pessoas que estabelecem ou recebem metas mais fracas que passam uma mensagem de "apenas faça o melhor que puder".

Os estudos de Locke e Latham são demasiadamente numerosos para detalhar neste livro, mas podemos citar alguns experimentos de laboratório e comparações com o mundo real. Em um dos experimentos de laboratório de Locke, as pessoas foram convidadas a responder corretamente a uma série de problemas de matemática ao longo de duas horas. (Eu sei, o experimento em si poderia ser interpretado como uma meta difícil.) Algumas pessoas eram instruídas a "apenas fazer o melhor que puder", a "resolver os problemas como puder". Outras receberam uma meta mais difícil: ou seja, receberam meta de pontos que deveriam tentar superar. (Esses pontos eram cerca de 6% maiores do que o número de respostas corretas que o grupo "fazer o melhor que puder" tinha conseguido.)

Se você estiver prestando atenção até aqui, não deverá se surpreender ao saber que o grupo da meta difícil superou o grupo de "fazer o melhor que puder", não por um pouco, mas em 20% em média. Se você facilitar as coisas e disser às pessoas para "apenas tentar", elas não empenharão muito esforço ou executarão muito bem. Mas desafie-as com algo mais difícil, uma meta que as deixe um pouco empolgadas, e elas vão surpreender. Curiosamente, o grupo da meta difícil não começou todo animado e competitivo e depois se cansou durante o experimento de duas horas. Em vez disso, começou forte e permaneceu forte. Na verdade, embora tenham superado o grupo de "fazer o melhor que puder" durante todo o experimento, essas pessoas realmente começaram a superá-lo em cerca de 90 minutos da sessão.

Em um dos experimentos de Latham, retirado de seus primeiros trabalhos com o grupo Weyerhaeuser (a gigante florestal, madeira e papel), a equipe de pesquisa estudou até que ponto as metas difíceis poderiam melhorar o desempenho de motoristas de caminhão de transporte de madeira.[3] Quanto a esses caminhões, a exemplo de muitos caminhões comerciais, realmente se quer que eles estejam o mais próximo possível de seu peso máximo legal (caso contrário, são necessárias várias viagens, que custam tempo, combustível e caminhões). Mas não é fácil fazer isso acontecer; os troncos gigantescos são de tamanhos diferentes, têm de se encaixar nos caminhões, os pesos precisam ser exatos e assim por diante.

Para esse experimento, determinou-se que seria difícil, mas não impossível, alcançar uma carga que fosse de 94% do peso legal máximo líquido. Quando os trabalhadores receberam uma meta de "fazer o melhor que puderem", eles carregaram os caminhões algo em torno de 60% do peso máximo legal (muito espaço desperdiçado). Mas quando lhes foi dada a meta significativamente mais difícil de carregar os caminhões até 94% de seu peso máximo legal, eis que foi exatamente isso que aconteceu. Devo observar que geralmente os experimentos como esse custam dinheiro (não são de graça). Mas esse experimento simples, realizado em Oklahoma, na verdade economizou à empresa cerca de US$ 250 mil.

Não importa muito qual seja a situação; estabelecer metas difíceis leva a um desempenho melhor. Mesmo em um estudo de pacientes com danos cerebrais em um hospital de reabilitação, as metas difíceis levaram a um desempenho melhor.[4] Os pacientes receberam uma série de problemas aritméticos e, depois de três séries, foram distribuídos em um grupo de metas difíceis e em outro grupo de "fazer o melhor que puder". Ao grupo de metas difíceis foi dito: "Nos últimos três blocos, vocês resolveram corretamente X problemas por bloco. Agora queremos que vocês melhorem seu desempenho em 20%". E ao grupo de "fazer o melhor que puder" foi dito... bem, você sabe. Surpreendentemente, na rodada seguinte de problemas aritméticos, 31% do grupo que recebera a meta de 20% mais difícil realmente atingiram essa meta, mas menos de 9% do grupo "fazer o melhor que puder" melhorou seu desempenho em 20%.

Não pretendo exagerar os exemplos, mas quero reiterar a questão de que ter metas difíceis aumenta seu desempenho. Seja se você estiver desenvolvendo uma empresa, perdendo peso, treinando para as Olimpíadas ou querendo parar de fumar, progredir na carreira, carregar caminhões madeireiros, fazer matemática ou reabilitar-se de uma lesão cerebral, quanto mais difícil a meta, melhor será seu desempenho.

POR QUE AS METAS DIFÍCEIS FUNCIONAM?

As metas difíceis funcionam porque nos forçam a prestar atenção; não podemos simplesmente passar por elas feito sonâmbulos. Agora talvez elas despertem nossa atenção porque são um pouco assustadoras, ou realmente emocionantes, ou representem um afastamento de nossa rotina diária normal. Mas, seja qual for a razão, elas fazem nosso cérebro funcionar. E o biólogo molecular John Medina nos diz explicitamente que "quanto mais o cérebro presta atenção a um determinado estímulo, mais as informações serão codificadas de forma mais elaborada – e mantidas".[5]

Também ajuda a lembrar que seu cérebro é bombardeado com pedidos de atenção durante todo o dia. Talvez até mesmo enquanto você está lendo este livro chegue um e-mail, um amigo lhe mande um texto, seu chefe entre em seu escritório ou os seus filhos o chamem para o jantar. (A propósito, se seu chefe entrar em seu escritório, você está autorizado a guardar o livro – aprecio a preservação da carreira tanto quanto qualquer um. Mas, quanto a todo o resto, sinta-se livre para continuar a leitura.)

Todos esses eventos, para não mencionar todos os pensamentos de fundo flutuando dentro de sua cabeça, estão competindo pela preciosa atenção de seu cérebro. É como os muitos aplicativos em execução em seu computador; eles consomem recursos limitados e tudo começa a desacelerar. Mas quando você define uma meta difícil, ela consome muitos dos recursos de seu cérebro, que afastam uma porção de coisas menos importantes. É como desligar alguns desses aplicativos de fundo do computador. E com essa inteligência extra acontece um desempenho melhor.

Mas não são apenas os recursos do cérebro que são afetados; os sentimentos também estão envolvidos. Minha empresa, a Leadership IQ, realizou um estudo para ver como se sentem as pessoas que recebem uma meta difícil no trabalho. Apresentamos a mais de 4 mil pessoas uma série de questões de pesquisa como as seguintes:

- Vou precisar fazer um esforço extra para realizar minhas metas deste ano.
- Vou precisar aprender novas técnicas para realizar minhas metas deste ano.

A primeira coisa que descobrimos foi que, quando as pessoas atribuíram notas altas a essas questões, elas também tenderiam a dar pontuações mais altas a algumas questões da pesquisa como as seguintes:

- Eu me considero um grande intérprete.
- Meu trabalho faz a diferença na vida das pessoas.

Com essa pesquisa, fomos capazes de deduzir que, quando as pessoas recebem metas que requerem aprendizagem e um esforço extra (metas difíceis), elas são mais propensas a se considerar de alto desempenho e também acreditar que o trabalho que fazem é importante.

Qual é a explicação para isso? Aqui estão duas: primeiro, as metas difíceis incutem confiança. Quero dizer, ninguém vai dar metas difíceis a um boneco. Você só dá metas difíceis a alguém que tenha uma chance real de realizá-las. Então, por extensão, se seu chefe lhe dá uma meta difícil, deve acreditar que você é capaz de realizar essa meta. É uma outra maneira de o chefe dizer: "Acredito em você, confio em você, você é a pessoa certa para esse trabalho".

E, é claro, essa mesma lição se aplica tanto aos pais quanto aos gerentes. Você provavelmente já viu muitos exemplos de pais com vários filhos que são duros com um garoto enquanto deixam outro folgar e não fazer muito (às vezes isso coincide com uma divisão mais velho/mais jovem). É claro, o garoto que recebe um tratamento mais duro é exigido no momento, mas quando crescer será uma pessoa muito mais empreendedora e com um sincero sentimento de ter sido respeitado pelos pais. O garoto mimado segue o caminho mais fácil por alguns anos, mas realiza menos mais tarde na vida, é menos independente e muitas vezes se pergunta: "Por que eles não pensavam que eu também poderia fazer essas coisas?".

A segunda razão pela qual as metas difíceis funcionam tão bem é que transmitem a mensagem de que seu trabalho é importante. Ninguém gastaria tempo ou energia para criar metas difíceis para um trabalho sem importância ou inútil. Por exemplo, não é provável você ouvir: "Você sabe aquele relatório que fazemos e ninguém lê? Aquele que só é feito porque há cem anos o fundador gostava de verificar os cálculos de seu ábaco... Sabe a que relatório estou me referindo? Bem, vamos convocar uma equipe com uma meta de fazer esse relatório idiota demorar 10 minutos para ser concluído em vez dos atuais 20 minutos. Isso testará os limites da matemática infantil e da digitação de entrada de dados, mas vamos em frente!". Observação: muitas empresas definem muitas metas bobas, mas que normalmente não recebem o grau de interesse científico e esforço de que estamos falando neste livro. As metas inúteis geralmente são da variedade mais impensada.

Houve uma outra descoberta digna de nota a partir desse estudo: os funcionários que tinham chefes que estabeleciam metas mais difíceis estavam muito mais propensos a dar pontuações altas às seguintes questões:

- Recomendo essa empresa a outras pessoas como um ótimo lugar em que trabalhar.
- Recomendo meu chefe aos outros como uma ótima pessoa com quem trabalhar.

Intuitivamente, isso faz muito sentido. Se seu chefe realmente pensa que pelo tipo de metas vai obter seu melhor desempenho, se ele se senta com você para criar metas idealmente difíceis, é uma clara indicação de que o chefe deve se preocupar com você. E esse nível de cuidado pode conquistar uma grande de lealdade de um funcionário sincero, para não mencionar uma grande dose de esforço extra.

Pense no melhor professor que já teve. É praticamente certo que essa pessoa se importava com você e ainda o estimulou a ser muito melhor. Eu sei, todos gostamos daqueles dias quando entrávamos na sala de aula e víamos um professor substituto com um projetor de cinema, mas a rotina de não fazer nada teria cansado muito rapidamente. E teria sido muito pior para o resto de nossas vidas sem a aprendizagem e o estímulo que recebemos de um professor atencioso.

Lembro-me de uma mulher com quem conversei que teve um começo bem difícil na vida. Apesar de uma vida doméstica bastante abusiva e caótica, ela fez até o Ensino Médio (embora apenas superficialmente). Não surpreende que depois tenha tropeçado em todas as pessoas erradas que poderia encontrar na vida e metido-se em todos os tipos de problemas. Então, um dia, por uma série de circunstâncias, ela se viu em uma sala de aula da faculdade da comunidade, com o professor lhe dizendo que tinha potencial, colocando livros em suas mãos, incentivando-a a escolher fazer algo que estivesse à altura de sua inteligência. E assim ela se fez e agora encontrou um sentido na vida. E você sabe o que ela me disse? "De vez em quando, mando um cartão--postal a esse professor. Digo-lhe: 'Olhe para mim, estou fazendo isso ou aquilo de importância e realmente preciso lhe agradecer por isso'." É uma história tocante, especialmente quando se é um educador, mas não é a única. E nem sempre aparecem grandes professores em uma sala de aula. Eles estão por toda parte, você só precisa ficar de olho neles. E às vezes nós mesmos somos nossos melhores professores.

APRENDIZAGEM *VERSUS* METAS DE DESEMPENHO

Preciso fazer uma ressalva quanto a se propor metas difíceis, o que acontece se você não tiver absolutamente nenhuma ideia do que está fazendo. Por exemplo, vamos imaginar que você nunca tenha tocado piano. (Obviamente, se você realmente nunca tocou piano, não é necessária a imaginação.) Agora, vamos dizer que lhe dou uma meta de tocar uma peça intermediária, como "Für Elise", de Beethoven. (Se não conhece a peça, procure-a on-line e tenho certeza de que você vai reconhecer imediatamente a música.) Diante de tal desafio, você provavelmente vai olhar para a música por um tempo, tentar descobrir as notas e, pouco a pouco, começar a tentar montar algumas frases melódicas. Mas sua técnica será péssima, você não fará os dedilhados direito, não controlará os movimentos das mãos e, mesmo que consiga avançar em algumas linhas, ficará muito abaixo de um resultado que só viria se tocasse piano depois de muito tempo. Se assumir a meta de tocar "Für Elise" e não souber tocar piano, um ser humano normal procurará cada atalho disponível para tocar essa peça, mesmo que isso signifique usar técnicas ruins e desenvolver alguns hábitos errados.

Se você não joga golfe e assumir uma meta de quebrar os 100 pontos, vai comprar os tacos mais incríveis, experimentar todos os tipos de jogo de corpo, conseguir o maior *driver* (taco para tiros longos), comprar todas as revistas e assim por diante. E não só provavelmente não quebrará os 100 pontos, como não aprenderá nem mesmo os fundamentos, como ter um jogo de corpo lento, manter a cabeça baixa, a extensão adequada e assim por diante. O primeiro professor de golfe que tive quando criança deixou muito claro para mim: não adianta recorrer aos tacos longos enquanto não dominar o ferro número 5. E, no entanto, mais de 100% de todos os golfistas do planeta tem o taco longo mais perfeito, o maior disponível, com o qual fazem bons lances longos uns 10% das vezes (o tempo todo com um movimento de corpo errado e uma tacada que destrói suas esperanças para o sucesso futuro).

Bem, nesses exemplos do piano e do golfe, os inevitáveis fracassos não são o resultado do estabelecimento de metas difíceis, são o resultado do estabelecimento de metas de desempenho. As metas de desempenho são aquelas que se concentram em obter algum resultado final desejado, como uma pontuação abaixo de 100 no golfe ou tocar "Für Elise". Por outro lado, uma meta de aprendizagem significa que você está menos preocupado com a quebra dos 100 e mais preocupado com a aprendizagem dos fundamentos necessários (para que ao final quebre os 100).

Quando você está realmente começando do zero, quando não tem absolutamente nenhuma ideia de como fazer o que você está tentando fazer, uma meta de desempenho pode ser um tiro pela culatra. Se souber ler a música e conhecer a diferença entre um taco longo e uma madeira 3, provavelmente você estará pronto para as metas de desempenho. Mas se você pensa que uma "chave" é só para abrir portas e um *driver* (taco longo) é o cara que o pega no aeroporto, bem, então você provavelmente vai querer começar com uma meta de aprendizagem.

No início deste capítulo eu disse que, na maioria das vezes, quando temos dificuldade de atingir as metas, tem mais que ver com a motivação do que com a habilidade. E esse continua sendo o caso. Mas de vez em quando você pode encontrar um desafio para o qual realmente não tem habilidades, do qual não conhece um único aspecto de que precisa saber para realizar essa meta. Se tiver alguma ideia do que está fazendo, mesmo que ainda precise aprender mais, provavelmente estará pronto para as metas de desempenho. Se sua meta de desempenho for bem estruturada, ainda será preciso adquirir uma porção de aprendizagem. As metas de aprendizagem são melhores para situações nas quais se está começando no início – como se lhe pedisse para resolver uma equação diferencial e tudo que você ouviu foi o professor de Charlie Brown dizendo: "Blablablablablablá".

Nesses casos em que verdadeiramente se parte do início, o melhor a fazer é tornar as metas difíceis, mas como uma forma de aprendizagem. Se não souber como tocar piano ou jogar golfe, não diga: "Vou quebrar os 100 ou tocar um pouco de Chopin". Essas são metas de desempenho, e provavelmente não vai dar resultado se você realmente não tiver estratégias para realizá-las. Então, diga: "Vou dominar o balanço de corpo, ficar com a cabeça para baixo, manter o corpo centrado e praticar cada aspecto desses cem vezes, analisando e corrigindo cada prática". Essa é uma meta de aprendizado difícil, e depois de realizá-la, estará em uma posição muito melhor para encarar as grandes metas de desempenho.

As metas de aprendizagem podem ser tão difíceis quanto as metas de desempenho. Lembra o estudo que citei anteriormente, que revelou que os melhores alunos de violino tinham mais de 7 mil horas de prática aos 18 anos, os alunos médios em torno de 5 mil e os de terceiro nível apenas cerca de 3.400 horas? Bem, quando eles estavam começando a aprender violino, muitas dessas horas de prática foram gastas em metas de aprendizagem e não metas de desempenho. E os melhores garotos significativamente estabeleciam metas de aprendizagem mais difíceis para si mesmos, daí o maior número de horas de prática e o desempenho significativamente melhor.

TESTE SUAS METAS

Portanto, agora, sendo muito prático, até que ponto as metas que estabelecemos devem ser difíceis? Para responder a essa pergunta, precisamos fazer duas coisas: em primeiro lugar, precisamos avaliar até que ponto estabelecemos metas difíceis e, segundo, precisamos ajustar a nossas metas típicas para cima ou para baixo, para encontrar o ponto ideal de dificuldade.

Vamos começar descobrindo se você tem um padrão de fazer suas metas demasiadamente fáceis ou, em casos mais raros, faz suas metas muito difíceis. Dizendo de outra forma: você precisa de saber se é alguém que subestima suas metas ou alguém que superestima as próprias metas. Comece por pensar em relação às metas que definiu, ou tentou definir, no último ano ou dois –, quanto mais semelhantes a suas metas atuais, melhor.

Agora pense nas metas que definia inicialmente, e então dê uma olhada no que acabou conseguindo. Por exemplo, digamos que já tenha definido três metas em execução nos últimos anos. No caso 1, definiu uma meta de fazer uma corrida de 5 quilômetros, mas acabou em uma corrida de 6 quilômetros. No caso 2, definiu uma meta de correr 6 quilômetros, mas porque as coisas estavam indo melhor do que tinha pensado originalmente, acabou em uma corrida de 9 quilômetros. E no caso 3, definiu uma meta de correr 6 quilômetros e acabou correndo 6 quilômetros, mas, não foi superdifícil e obteve um tempo melhor. Se essa for sua história, é seguro dizer que muito coerentemente você estabelece metas abaixo do almejado.

Eu poderia fazer o mesmo com minha empresa, na qual todos os anos digo que vamos crescer 20%, e ainda assim nosso crescimento anual real é de uns 30%. Também poderia fazer o mesmo com as metas de perder peso, as metas de poupança e assim por diante. Uma porção de pessoas estabelece metas abaixo do almejado e, seja isso intencional ou não, é como se estivéssemos "inflando" nossas metas. Podemos relaxar um pouco e ainda assim acertar o alvo original, porque definimos a meta original abaixo do que realmente somos capazes de realizar (daí o rótulo de alguém que subestima suas metas). Muitas vezes podemos até mesmo estimar uma porcentagem aproximada pela qual estabelecemos a meta abaixo do almejado. No exemplo de minha empresa, se disser que vamos crescer 20%, mas crescemos 30%, e isso acontece com bastante regularidade, estaria constantemente estabelecendo minhas metas abaixo do almejado, e precisaria aumentar minhas metas em 50% se quisesse que elas refletissem a realidade do que conquisto de fato.

Isso funciona exatamente do mesmo modo com alguém que superestima suas metas. Se sempre digo que vou correr 10 quilômetros e chego a 5 quilômetros, ou digo que vou guardar 12% em um ano mas realmente poupo 6%, ou o que quer que seja, então estaria superestimando minhas metas de tal forma que teria necessidade de reduzi-las em 50% se quisesse que se aproximassem mais da realidade.

A questão é a seguinte: estabeleça suas metas com o máximo de precisão que puder, porque cientificamente não poderá ajustá-las se não começar com uma imagem precisa. Se eu fosse um treinador de corrida e supostamente estivesse para transformá-lo em um corredor de classe mundial, precisaria saber o quão rápido você realmente corre para que possa preparar os exercícios adequados. Se você me diz: "Posso correr 1 quilômetro em cinco minutos", vou fazer seus exercícios em torno desses números, e você não fará nenhum progresso caso se revele que só é capaz realmente de correr 1 quilômetro em quatro minutos. Esse tipo de empecilho inconveniente acontece o tempo todo e processos empresariais são excelentes exemplos (orçamentos, atendimento de pedidos, cronogramas e por aí afora). Conhece o ditado "Quem pouco promete muito realiza"? Bem, é exatamente sobre isso que estou falando; parece bom, mas realmente se trata apenas de subestimar nossas metas. E isso simplesmente destrói toda nossa capacidade de usar um processo mais científico de estabelecimento das metas para obter os tipos de resultados que estamos todos morrendo de vontade de alcançar.

Na próxima etapa, vamos pegar essa meta recém-ajustada e submetê-la a duas perguntas simples: o que vou aprender com essa meta e como me sinto sobre essa meta? No primeiro caso, pergunte a si mesmo: "O quanto essa meta vai exigir de mim?". Mais especificamente, o que você precisa aprender para atingir essa meta? Como você vai crescer como pessoa, em consequência de sua meta? Que novas habilidades você adquiriu por força de perseguir sua meta? Se você se lembrar de nossa discussão anterior sobre o desempenho em face das metas de aprendizagem, eu disse que mesmo quando uma meta é uma meta de desempenho, você ainda deve aprender todos os tipos de coisas importantes. E é isso exatamente o que estamos testando aqui.

Uma meta adequadamente difícil, uma que coloca você no ponto ideal da dificuldade, exigirá que você aprenda. Vai exigir de seu cérebro, estimular alguns neurônios, empolgar você e despertar seus sentidos. Se você passar por uma meta sem aprender, ela não terá sido difícil o bastante. Então, quanta aprendizagem é o bastante? Bem, volte ao início do capítulo, quando lhe pedi para descrever suas maiores realizações pessoais e usar isso como seu instrumento de medição. Você precisa aprender bastante para essa meta. Outra maneira de considerar isso é que uma meta tem o nível certo de dificuldade quando você tem de duas a quatro grandes novas experiências de aprendizagem por causa dela.

E se sua meta não gerar esse nível de aprendizado e crescimento? Esse é um sinal de que você precisa tornar sua meta de cerca de 30% mais difícil. Remover os empecilhos inconvenientes de nossas metas, tornando-as 30% mais difíceis, geralmente é suficiente para deixar o cérebro mais animado e acionar seus neurônios. E, é claro, se você ainda precisar de mais dificuldade, aumente outros 30%. Só não comece arbitrariamente triplicando ou quadruplicando a dificuldade de sua meta, porque isso poderá rapidamente levá-la de dificilmente otimizada a simplesmente impossível.

Kevin Andrews é o presidente da SmartBen, uma empresa de software que desenvolveu uma plataforma de ponta para a administração de benefícios e autoatendimento do funcionário. Cada executivo de recursos humanos em todo o mundo conhece a empresa mas, em termos leigos, ela oferece uma plataforma baseada na internet em que os funcionários de uma empresa podem visualizar e gerenciar seu salário, benefícios, planejamento de aposentadoria e muito mais. Agora, isso é tudo muito bom, mas não é o que torna Kevin e sua empresa interessantes. O que faz valer a pena mencioná-los é o que aconteceu quando se tornaram muito bem-sucedidos.

A lista de clientes da SmartBen se parece com as 500 mais da *Fortune*, e a empresa é brilhantemente gerida (em outras palavras, é muito rentável). Mas, após vários anos no negócio, os líderes da empresa não tinham a mesma empolgação de quando ela foi lançada. Kevin diz: "Achei que estávamos estagnados. Sim, éramos bem-sucedidos financeiramente e nossos clientes estavam satisfeitos, mas nos sentíamos um pouco horizontais. Íamos para o trabalho sem muito entusiasmo e saíamos da mesma forma. Meu cérebro simplesmente não estava ligado no trabalho".

Então, um dia, Kevin se encontrava em um avião e pegou uma revista científica que um passageiro deixara no bolso do assento. Foi um acontecimento fortuito, uma vez que a revista era toda sobre a inteligência artificial (você sabe, os computadores tendo consciência e falando com você, e assim por diante). O pensamento técnico de Kevin imediatamente acordou e ele se ligou. No momento em que o avião aterrissou, ele estava agitado como um viciado em café e sabia exatamente o que faria: "A resposta era tão óbvia", disse Kevin. "Tínhamos parado nossa aprendizagem. Tínhamos nos tornado tão bem-sucedidos que não aprendíamos o bastante." E assim, alimentado pela ideia de que usar uma ciência que era realmente de ponta (a inteligência artificial) seria suficiente para ativar seu próprio cérebro, ele partiu para criar o software mais inteligente que o mundo dos recursos humanos já vira.

Ele tem tecnologias de autoatendimento que permitem aos funcionários das empresas gerenciar seus benefícios de saúde ou qualquer outra coisa. Mas não há nenhuma empresa além da SmartBen em que uma pessoa digital aparece na tela e fala com você. "Ben AI", como é conhecido, usa a programação de inteligência artificial para analisar todos os benefícios de um funcionário, seu plano de previdência para a aposentadoria, o histórico salarial e muito mais, fazendo recomendações inteligentes. Ele, literalmente, olha para você e lhe diz como você pode, de forma mais eficaz, poupar para a aposentadoria e o que isso faria com seu salário. E se os funcionários quiserem colaborar com ele, podem usar a interface para modelar suas próprias mudanças, por exemplo, para escolher o plano de saúde certo para as necessidades de sua família. O efeito é que os funcionários tomam decisões muito mais inteligentes, escolhem planos que são totalmente certos – o que os torna muito mais felizes e a empresa economiza dinheiro com eficiência.

Toda essa tecnologia inspiradora, porém, esconde como foi incrivelmente difícil realizá-la. "Tivemos de repensar todos os aspectos de como projetar, desenvolver e codificar", diz Kevin. "Tivemos de passar de programação tradicional à verdadeira vanguarda, quase um pensamento de ficção científica. Estávamos literalmente pensando anos à frente de todo mundo no setor." Havia dias em que ele ficava com dor de cabeça; dias em que ele questionava a "inteligência" dessa abordagem. "Mas vou dizer uma coisa", afirma ele, "meu cérebro estava vivo. Não me sentia tão empolgado desde que começamos a empresa. Não sabíamos o que estávamos fazendo no início, mas aprendemos todos os dias. E agora temos pessoas que nos procuram porque nos tornamos especialistas."

Embora eu não ache que os computadores deles desenvolveram uma consciência própria independente, houve momentos em que testei o sistema e não tive certeza. Na verdade, Kevin me disse: "Parece loucura, mas à medida que continuamos a desenvolver os algoritmos, continuamos tendo ideias incríveis. É quase como se o programa quisesse continuar a aprender, para ficar mais inteligente".

Você não precisa necessariamente criar algoritmos de inteligência artificial para manter o cérebro ativo. (Em meu caso, eu acabaria tendo muitos sonhos do tipo Exterminador do Futuro e Matrix). Mas você precisa se esforçar para aprender algo, para manter seu cérebro vivo e iluminado.

O segundo teste envolve uma outra pergunta bem simples: até que ponto essa meta está dentro da minha zona de conforto? Deixe-me dar a você algumas opções para sua resposta:

1. Totalmente dentro de minha zona de conforto. ("Não se preocupe, eu poderia fazer isso de olhos fechados".)
2. Praticamente dentro de minha zona de conforto. ("Estou atento, mas dificilmente em estado de excitação.")
3. Um pouco fora de minha zona de conforto. ("Sinto uma pequena pontada de emoção ou nervosismo.")
4. Fora de minha zona de conforto. ("Sinto agulhadas, com os olhos totalmente esbugalhados em alerta.")
5. Tão fora de minha zona de conforto que estou muito perplexo até mesmo para responder. ("Acho-me em um estado tão aterrorizado que não consigo nem pensar.")

Esse teste é bastante subjetivo e requer um julgamento pessoal, mas as metas mais eficazes ficarão em torno de escolha 4. Escolhas 1 e 2 são demasiadamente fáceis e a escolha 5 é muito difícil. Mas a escolha 3 está chegando perto e a escolha 4 vai direto ao ponto.

Se você voltar a nosso exercício do início do capítulo, provavelmente disse que suas maiores conquistas estavam fora de sua zona de conforto. Você também provavelmente disse que, quando estava apenas começando a realizar essa grande conquista, teve algumas dúvidas sobre se seria ou não capaz de realizá-la. Isso é muito teórico: se sua meta for suficientemente fácil, você não terá dúvidas sobre sua capacidade de realizá-la, então essa não poderá ser uma meta tão importante. Mas se sua meta for tão grande que sua realização merece uma menção entre as melhores realizações de sua vida, então ela vai fazer você sentir uma pontada de emoção, nervosismo ou algo parecido.

Se você respondeu à pergunta acima com a escolha 1 ou 2, é um sinal de que precisa tornar sua meta 20% mais difícil. Se respondeu com a escolha 5, torne-a 20% menos difícil. Mais frequentemente, se ajustar sua meta corretamente com o primeiro teste (o quanto essa meta vai exigir de você?), então precisará de menos ajustes depois. E assim, você normalmente precisará fazer ajustes menores em sua meta (em outras palavras, ajuste de 20% em vez de 30%).

A questão principal desse exercício é você tocar no ponto ideal da dificuldade. Porque quando você cria sua meta muito fácil, embora possa atingir o alvo, a meta não será significativa o bastante para fazer uma diferença real em sua vida (ou em sua empresa ou em sua família ou o que seja). Ou então você ficará entediado e não se incomodará em curti-la. E se tornar sua meta muito difícil, então é provável que ela acabe no monte de sucata das metas abandonadas, como uma aula gratuita na academia de ginástica alguns meses depois do Ano-novo.

O QUE NOS IMPEDE DE REALIZAR AS METAS DIFÍCEIS?

Não obstante tudo o que discutimos até agora, ainda existe um grande problema que poderia afastá-lo e impedi-lo de realizar (e tentar cumprir) suas metas difíceis: elas são intimidadoras. Se você tem medo de alguma coisa – aranhas, cobras, altura, espaços abertos, compromissos, germes, para citar alguns –, então sabe como pode ser assustador sequer pensar em tentar superar esse medo, porque geralmente precisa-se antes sentir o medo para poder superá-lo. Até mesmo as metas difíceis que não são assim tão intimidadoras como esses medos ainda podem fazer a pessoa média hesitar, e até mesmo recuar.

Veja bem: se progredir na carreira, começar uma empresa, duplicar a receita de vendas, perder peso, correr uma maratona, parar de fumar, voltar à escola e guardar mais dinheiro fossem metas fáceis, todo mundo seria capaz de realizá-las. Mas todo mundo não faz essas coisas, e é por isso que o fato de você estar mesmo lendo este livro o coloca em um grupo muito seleto de pessoas que compartilham tanto o impulso quanto a visão de grandeza.

O que torna metas difíceis tão intimidadoras? A resposta curta é: o medo do fracasso. Em teoria, quanto mais difícil sua meta se torna, maior a possibilidade de você falhar. Agora, todos os estudos que citei no início do capítulo dizem que isso não vai acontecer. Quanto mais difícil sua meta, será mais provável que você tenha seu melhor desempenho. Na verdade, como a meta difícil lhe dá uma sacudida, estimula o cérebro, você fica fora de sua zona de conforto, e o excita emocionalmente, é que você é capaz de apresentar seu melhor desempenho. Mas não obstante tudo isso, um grupo considerável de pessoas ainda fundamentalmente tem medo de que, se tentar uma meta difícil, o resultado será o fracasso. (E, considerando o histórico de muitas pessoas com metas mal projetadas que foram condenadas ao fracasso desde o início, talvez esse seja um processo de pensamento bastante compreensível.)

Então, como vamos superar esse medo do fracasso? Como vamos superar mentalmente o obstáculo do temor (ou a ansiedade ou o medo ou como quiser chamá-lo)? Com um processo bastante simples que vai reformular o modo como pensamos. Tratamos das partes emocionais do cérebro no capítulo "Sinceridade" e as partes visuais no capítulo "Animação". Neste capítulo, vamos usar as partes lógicas/analíticas do nosso cérebro.

A primeira etapa desse processo exige fazer-se uma pergunta muito simples: "O que acontecerá comigo se fracassar nessa meta?". Digo que é uma pergunta simples, mas isso não significa que seja uma pergunta fácil. Respondê-la com sinceridade exige uma análise sincera de alguns de seus processos mentais mais profundos.

Quando trabalho com alguém (ou uma organização inteira) para descobrir de que estão realmente com medo que aconteça se fracassarem em uma meta, eis alguns tipos de respostas que ouço:

- As pessoas vão pensar que sou fraco e não poderia realizá-la.
- Vou ser exposto como alguém que canta um bom jogo, mas não é capaz de apresentar.
- As pessoas vão se decepcionar comigo.
- As pessoas nunca vão acreditar em mim novamente.
- Nunca vou acreditar em mim novamente.
- Vou morrer de vergonha.
- Se não puder fazer isso, significa que nunca vou ser capaz de fazer qualquer outra coisa.
- Vão dizer que não sou tão inteligente/talentoso/qualificado como penso que sou.
- Essa é minha única chance para isso. (Em outras palavras, é agora ou nunca, você só tem uma mordida na maçã e assim por diante.)
- Significa que ficarei preso a essa condição para sempre.

Existem dois grandes problemas nessas declarações. Em primeiro lugar, muitas vezes, quando dizemos o que vai acontecer a nós se falharmos, usamos palavras como "nunca", "sempre", "apenas", "morrer". Essas são palavras graves e fortemente carregadas, e que refletem um nível profundo de medo. Dizer "vou morrer de vergonha se não atingir essa meta" é provavelmente um pouco de exagero quando se avaliam os fatos reais, mas é um verdadeiro reflexo de como sentimos intensamente esses medos (mesmo que não reconheçamos essa intensidade em nível consciente).

Não é inesperado sentirmos medo do fracasso, mas a intensidade de nossos sentimentos muitas vezes pode rivalizar ou até mesmo ultrapassar o medo que sentimos de coisas que poderiam realmente nos matar. Quando o medo do fracasso nos impede de enfrentar uma meta, 99% das vezes o medo que sentimos é muito diferente do medo que sentiríamos se um tigre-dente-de-sabre nos atacasse.

Algum medo é muito saudável. Na perspectiva evolutiva, ter medo de tigres-dentes-de-sabre, leões e aranhas nos manteve vivos. Mas há momentos neste mundo moderno, longe dos perigos de tigres-dentes-de-sabre reais, em que as reações a nossos medos apontam para algo muito abstrato, e talvez nem sequer imaginado. Se fracassar em sua meta de escapar de um tigre-dente-de-sabre, você quase certamente será morto minutos depois. Mas se falhar em sua meta de aumentar sua poupança esse mês, terá pelo menos uma chance decente de ainda estar vivo 30 minutos depois. A maioria das consequências que enfrentamos se falharmos em atingir nossas metas não vai nos matar.

Não só não morremos realmente de vergonha, como podemos até não ter motivos para qualquer vergonha (e muito menos o bastante para nos matar). É importante notar que as declarações de nossa lista sobre "o que nos aconteceria se fracassarmos" não são fatos comprovados, são interpretações, hipóteses, extrapolações emocionalmente carregadas, catastrofismos, crenças irracionais ou qualquer outra coisa parecida. Mas não são fatos comprovados.

Vamos provar isso com na segunda etapa de nosso processo. Somos seres humanos, não computadores, então não podemos simplesmente apertar um botão e dizer: "Ah, sentir que vou morrer de vergonha é irracional, por isso vou parar de sentir isso". Ao contrário, precisamos desmascarar esses pensamentos em nossa cabeça, como se fôssemos advogados de um seriado policial interrogando uma testemunha. Então, vamos fazer um exame de cada uma dessas declarações e, uma por uma, nos perguntar se podemos encontrar exemplos que possam fornecer provas contrárias ao que dissemos.

Vamos pegar o exemplo: "Se fracassar em realizar minha meta, vou morrer de vergonha". Você pode encontrar exemplos em sua vida (ou até mesmo na vida de alguém), em que você fracassou em realizar uma meta, mas não morreu? Dando um passo adiante, você é capaz de encontrar exemplos em que qualquer vergonha que tenha sentido foi muito menor do que estava esperando? Agora, em virtude de você estar vivo e lendo este livro, suponho que encontrou pelo menos um exemplo que refute a crença de que "vou morrer de vergonha".

É claro, esse foi um exemplo bem fácil de refutar, por isso vamos experimentar algo mais difícil. Que tal: "Se falhar nessa meta, as pessoas vão pensar que sou fraco e não poderia realizá-la". Uma vez mais, procure em sua história, ou na história de mais alguém, em busca de contra-argumentos. Tenho muitos exemplos pessoalmente, mas vamos falar de alguém com metas mais impressionantes: Lance Armstrong. Lance é um sujeito com metas difíceis – ele é um cara de 38 anos de idade, com filhos, tentando retornar ao ciclismo. Enquanto escrevo este livro, uma de suas metas difíceis é vencer o Tour da Califórnia (como o Tour de France, mas menos famoso). Mas ele caiu e ficou de fora da corrida, então vamos chamar isso de uma meta difícil fracassada. Mas será que alguém realmente acha que Lance é fraco? Será que vamos abandoná-lo? Pensamos que ele nunca será capaz de fazer qualquer outra coisa de novo? Você acha que ele acredita nisso?

Eu diria que Lance é um contra-argumento muito bom à ideia de que não realizar uma meta difícil significa que as pessoas vão pensar que você é fraco. Ora, no mínimo, o cara provavelmente conseguiu mais patrocinadores, porque mostrou sua humanidade e suas lutas, e quem não gosta de torcer por isso?

Nós literalmente precisamos pegar essas declarações de "o que aconteceria se fracassasse" e desmascará-las, uma por uma. Use o lado analítico de seu cérebro e seu histórico de vida. Estou confiante em que, se considerar cada uma delas, verá que não têm um poder real.

Assim que terminar esse exercício, a etapa final será reescrever essas declarações. Você as desmascarou, portanto agora transforme-as em algo muito mais animador. Por exemplo, aqui estão algumas declarações revistas:

- Se falhar nessa meta, as pessoas não vão pensar que sou fraco. Na verdade, eles podem até se unir em minha defesa.

- Se falhar nessa meta, as pessoas ainda vão acreditar em mim.
- Se não puder realizar essa meta, isso não terá nenhuma influência em minha capacidade de lidar com outras metas difíceis.

Você refutou as afirmações negativas com que tinha começado, portanto agora a questão é simplesmente fechar o ciclo e fortalecer esse conhecimento logicamente encorajador em sua consciência. Surpreendentemente, temos pouco ou nada a temer por tentar (e mesmo falhar) uma meta difícil, porque é apenas tentando metas difíceis que aprimoramos nossa capacidade de realizá-las. E lembre-se, não teremos absolutamente nenhum controle em relação a nossa vida e a nosso destino se ficarmos paralisados pelo medo das consequências, principalmente, imaginadas de fracassar diante de metas difíceis.

RESUMO

Simplesmente fazer o melhor que puder não resolve no mundo das metas que desafiam. Mas até que ponto difícil é difícil o bastante? Bem, se sua meta que desafia atual não desafia todas aquelas coisas que você sentiu no passado, quando fez algo grande, aumente a dificuldade. Agite seu cérebro, faça-o registrar a mensagem de que você é um grande realizador, que é capaz de fazer a diferença, que sua meta é necessária. Porque quanto mais difícil for sua meta, mais necessária ela vai parecer e você apresentará um melhor desempenho.

E se sua meta exige que você comece do zero e aprenda uma série de novas habilidades, bem, basta criar uma meta de aprendizado infalível para se manter em ação. Então, antes que perceba, você estará passando para metas de desempenho infalíveis. E se você tem um histórico de metas demasiadamente fáceis (alguém que subestima suas metas) ou muito difíceis (alguém que superestima suas metas) preste atenção a esse fato e faça ajustes no início. Pergunte-se: "O que vou aprender com essa meta e como em sinto em relação a ela?". Se não estiver aprendendo, se não se sentir totalmente empolgado, não estará no ponto ideal da meta que desafia.

Você deve se sentir fora de sua zona de conforto, não tão fora que se sinta como se estivesse em uma cama de pregos, mas não muito confortável também. Você saberá quando encontrar seu ponto ideal, pois já esteve lá antes, e esse é o lugar onde você realiza o que tem de melhor. Quanto a esses medos que surgem de vez em quando, não fuja deles. Encare-os e avalie o quanto eles realmente são válidos. Você vai morrer de vergonha mesmo que não atinja a sua meta? Nada acaba mais com a força de um medo do que uma boa refutação.

Obtenha mais exemplos e ferramentas em www.hardgoals.com.

Conclusão

INICIANDO SUA META QUE DESAFIA

Como afirmei ao longo do livro, a implementação de uma meta fica muito mais fácil quando essa meta é infalível. Executar uma meta com a qual você não se preocupa – que não estimula seu coração ou sua mente – realmente exige um esforço sobre-humano. E, considerando os chocantes índices de insucesso da maioria das metas (a exemplo dos mais de 80% que abandonam suas resoluções de Ano-Novo), uma meta que não seja infalível provavelmente não será realizada. E todos os lembretes no computador e as notas pregadas na porta da geladeira não irão salvá-la.

Quando uma meta ativa seu cérebro, toca seu coração, pressiona-o a crescer e é uma necessidade existencial, com certeza será implementada. Na verdade, você irá superar todos os obstáculos da Terra para realizá-la. Não só os lembretes no computador como também os bilhetes colados serão desnecessários, parecerão comicamente triviais.

Quando começar a implementar suas metas que desafiam, poderá ser necessário um pequeno empurrão para pôr em ação as técnicas abordadas neste livro. Como resultado de alguns experimentos sérios ao longo dos anos, descobri uma técnica que funciona bem para dar início à implementação de qualquer meta que desafia. Essa técnica, a que chamo de Cortar pela Metade, é especialmente útil se for a primeira vez que você estiver conscientemente estabelecendo uma meta que desafia.

CORTAR PELA METADE

O primeiro passo é ter uma visão objetiva de sua meta que desafia e sua data de término aproximada. Algumas metas são naturalmente mais presas a um prazo do que outras, mas calcule, da maneira mais precisa possível, o prazo em que terá concluído sua meta. Simplificando para este exemplo, vou imaginar que tenha um ano para realizar sua meta que desafia (mas, novamente, Cortar pela Metade funciona com metas de qualquer duração).

Agora, corte esse prazo pela metade (seis meses neste exemplo) e responda a esta pergunta: o que devo ter realizado na marca de seis meses para saber se estou no caminho certo para realizar toda a meta que desafia? Vamos imaginar que minha meta seja correr uma maratona, que é de uns 40 quilômetros, em um ano (e, é claro, tratei de todos os aspectos exigidos: sinceros, animados, necessários e difíceis). O que precisarei ter realizado em seis meses para estar no bom caminho para a maratona completa em um ano? Vamos dizer que precisarei ter chegado a um percurso de 20 quilômetros, ter programado quatro corridas por semana e aprendido a me abastecer em um longo percurso. (A propósito, como seria fácil abandonar essa meta se tudo o que tivesse fosse um punhado de quilômetros e não todos os aspectos por trás da meta – sinceros, animados, necessários e difíceis – já pensados?)

Agora, corte o período de seis meses pela metade (três meses) e responda a esta pergunta: o que devo ter realizado na marca de três meses para saber que estou em vias de atingir todos meus objetivos em seis meses? Talvez você precise ter longas corridas de 8 quilômetros, saber como usar um monitor de frequência cardíaca, caber em calções de corrida de tamanho médio ou poder correr enquanto seus filhos andam de bicicleta a seu lado por 8 quilômetros na pista local.

É claro, você sabe o que virá em seguida. Corte esse prazo de três meses na metade e responda: o que devo ter realizado na marca de seis semanas para saber se estou no caminho certo para realizar todos os objetivos de três meses? Quando tiver isso explicitado, faça novamente:

o que devo ter feito na marca de três semanas para saber se estou no caminho certo para realizar todos meus objetivos de seis semanas?

Então, depois de ter chegado a um período de um mês, faça esse exercício mais duas vezes. Pergunte a si mesmo: o que devo ter realizado nesta próxima semana a fim de saber que estou em vias de atingir todos meus objetivos de três semanas? E depois pergunte a si mesmo: que devo ter feito hoje para saber que estou no caminho certo para realizar todos meus objetivos de uma semana?

A meta deste exercício é tríplice: primeiro, ele mostra exatamente onde e como começar a perseguir sua meta que desafia. Em segundo lugar, ele monitora e mantém você no caminho certo para atingir a sua Meta Infalível (e intensificar seus esforços se necessário). E em terceiro lugar, este exercício mostra que cada dia precisa conter alguma atividade em busca de sua meta que desafia.

Esse processo não é um substituto de sua meta que desafia. Na verdade, a única maneira de você fazer as coisas hoje e no próximo mês, e todo o resto, é se estiver sendo mentalmente alimentado por uma importante meta que desafia. Esse processo está aqui apenas para ajudá-lo a priorizar seus primeiros passos. As metas que desafiam podem ser, bem, difíceis. Então, este método decompõe sua meta que desafia, não em etapas simples, mas em etapas claramente identificáveis.

TELEFONE PARA UM AMIGO

Depois de saber quais precisam ser seus primeiros passos, e especificamente o que você precisa fazer hoje, há mais uma técnica que poderá ajudar a mantê-lo no caminho certo.

Alguns anos atrás, eu conduzia um retiro para um grupo de oito CEOs para ajudá-los a criar metas que desafiam. Você provavelmente conhece alguns deles, mas todos são líderes muito poderosos que se reúnem algumas vezes por ano para pensar, compartilhar, debater e estimular uns aos outros. E assim, com a justificativa de precisar de um tempo ininterrupto para pensar, eles decidiram realizar esse retiro em Anguilla. (Não vou mentir: às vezes a viagem é dura, e às vezes não é.)

Depois de um dia particularmente intenso sobre como estabelecer metas e estratégias e desafiar uns aos outros, um integrante do grupo (vou chamá-lo de Pat) disse: "Estou convencido. Preciso desesperadamente dessa meta, ela vai mudar minha vida. Mas também me sinto como um alcoólatra. E se eu voltar à civilização e todas as coisas aparentemente urgentes começarem a se sobrepor às coisas realmente importantes, como esta meta que desafia? E se não conseguir parar de tomar aquela bebida ou participar daquela reunião estúpida ou checar meus e-mails o dia todo?".

Bem, isso era um empecilho. Francamente, a essa altura, tudo o que eu queria era encerrar a aula e passar uma hora na praia com uma bebida forte. Mas então, antes que pudesse responder, um dos outros membros do grupo (vamos chamá-lo de Chris) disse algo que mudou totalmente meu pensamento. Chris disse: "Pat, se você se sentir um alcoólatra, vou ser seu padrinho. Vou lhe telefonar por cinco minutos todos os dias e ver como está indo. E já que tenho os mesmos medos que você, você poderá ver como vou indo também".

Lembre-se, havia oito CEOs nesse retiro. Dentro de três segundos após os comentários de Chris, as outras seis pessoas haviam feito pares para fazer a mesma coisa. Era tão simples, tão óbvio, tão fácil, e ainda assim isso não me ocorreu, ou a qualquer outra pessoa que eu conhecia. Para facilitar ainda mais as coisas, as secretárias de todos eles entraram em contato umas com as outras, combinando fazer os telefonemas diários para eles (as assistentes eram verdadeiramente peritas em fazer os patrões pararem o que estavam fazendo para se ocupar de algo tão importante como isso).

Agora, esses CEOs não reagiriam a um julgamento irritante melhor do que eu ou você. Então, em vez de ouvir seu amigo telefonando para cobrar sobre o que não tinham feito, eles acrescentaram uma novidade: todos escreveriam cinco a sete perguntas sobre sua meta que desafia que queriam que o amigo lhes perguntasse quando telefonasse.

Quatro das perguntas eram basicamente sobre os elementos de suas metas que desafiam. Para sinceridade, eles poderiam perguntar: "Por que você se preocupa com sua meta?". Para animação, a questão poderia ser: "Diga-me como vai ficar ou como irá se sentir quando atingir sua meta". Para necessidade, poderiam perguntar: "Por que essa meta é necessária aqui e agora?" E uma pergunta para dificuldade poderia ser: "O que você está aprendendo com essa meta?". Essas perguntas eram importantes porque todos sabiam que, quanto mais pensassem sobre suas metas que desafiam, mais integradas as suas vidas as metas se tornariam. Eles não se telefonavam para conversar e perguntar: "Como foi o seu dia?" Todos queriam garantir muito bem e seriamente que a Meta Infalível de cada um permanecesse gravada em sua mente.

Em seguida, as outras perguntas de um a três seriam do tipo: "O que você fez hoje para progredir em sua meta?". Lembra-se do exercício de Cortar pela Metade? Bem, eles basicamente começavam com a pergunta: "O que devo ter feito hoje a fim de saber que estou no caminho certo para atingir minha meta que desafia?" E depois pegavam questões específicas e apresentavam essas questões para o amigo perguntar. Por exemplo, talvez o amigo perguntasse: "Quantos quilômetros você correu hoje?", "Qual foi sua taxa cardíaca?", "Descreva o tempo que passou com os seus filhos?" ou "O que fez para formar um subordinado?" ou "Diga o que comeu". As perguntas eram específicas para a meta que desafia de cada pessoa e, por se tratar da sua meta, cada pessoa poderia fazer quaisquer perguntas que quisesse.

O importante disso tudo é muito simples: manter suas metas que desafiam na frente e no centro de sua mente e usá-las para esmagar qualquer obstáculo mental que possa surgir.

Como eu disse no início deste livro, você pode ter dúvidas sobre a realização de grandes metas, mas não tenho dúvidas em relação a suas realizações iminentes. Assim que você abriu este livro, eu soube que estava atrás da grandeza, do sentido e do significado. E sei que você tem o talento e a mentalidade para alcançar tudo isso. Agora, depois de ter passado por este livro, você conheceu as metas que desafiam – metas que afinal serão dignas de seus talentos.

Este primeiro passo é por sua conta. E, confie em mim, o primeiro passo não é algo estranho. É um salto gigantesco para a vida que você deseja e merece.

Notas

CAPÍTULO 1

1. Lyle Nelson, entrevista com o autor, maio de 2010.
2. Roland G. Fryer Jr., "Financial Incentives and Student Achievement: Evidence from Randomized Trials", Harvard University, EdLabs, e NBER, 8 abril 2010).
3. Amanda Ripley, "Should Kids Be Bribed to Do Well in School?" *Time*, 8 abril 2010, http://www.time.com/time/nation/article/0,8599,1978589-3,00.html.
4. Tess Koppleman, "Real Life Superman Saves Young Girl's Life", *Chicago Tribune*, 18 dezembro 2009, http:// www.chicagotribune.com/news/wjw-supermansaveslitte girl,0,570673.story.
5. Andreas Bartels e Semir Zeki, "The Neural Correlates of Maternal and Romantic Love" (Wellcome Department of Imaging Neuroscience, University College London, 13 novembro 2003), *NeuroImage* 21 (2004): 1155-1166.
6. Amos Tversky, *Preference, Belief, and Similarity: Selected Writings* (The MIT Press, Cambridge, MA, 2003).
7. Ibid., 888.
8. Deborah A. Small, "Sympathy and Callousness: The Impact of Deliberative Thought on Donations to Identifiable and Statistical Victims" (University of Pennsylvania, 3 março 2006), http://sciencethatmatters.com/ wp-content/uploads/2007/04/small06sympathy.pdf.
9. Maurice R. Schweitzer, "Beware the Harmful Effects of Goal-Setting", *Bloomberg BusinessWeek*, 3 abril 2009.
10. "Our Philosophy", Google Corporate Information, http://www.Google.com/corporate/tenthings.html.

11. Susan J. Curry e Edward H. Wagner, "Evaluation of Intrinsic and Extrinsic Motivation Interventions with a Self-Help Smoking Cessation Program", *Journal of Consulting and Clinical Psychology* 59, n. 2 (1991): 318-324.
12. Kevin G. Volpp et al., "A Randomized, Controlled Trial of Financial Incentives for Smoking Cessation", *The New England Journal of Medicine* 360, n. 7 (2009): 699-709.
13. E. Tory Higgins et al., "Increasing or Decreasing Interest in Activities: The Role of Regulatory Fit", *Journal o f Personality and Social Psychology* 98, n. 4 (2010): 559-572.
14. M. R. Lepper, D. Greene e R. E. Nisbett, "Undermining Children's Intrinsic Interest with Extrinsic Reward: A Test of the 'Overjustification' Hypothesis", *Journal of Personality and Social Psychology* 28 (1973): 129-137.
15. "The engineer's life", Google Jobs, http://www.google .com/jobs/ lifeatgoogle/englife.html (acesso 26 julho 2010).
16. "28 Days of Holiday Gift Ideas-Day 9", *Hollywood Today*, 5 dezembro 2009, http://www.hollywoodtoday.net/2009/12/05/28-days-of-holiday-gift-ideas -%E2%80%93-day-9 (accesso 26 julho 2010).

CAPÍTULO 2

1. John Medina, *Brain Rules: 12 Principles for Surviving and Thriving at Work, Home, and School* (Seattle: Pear Press, 2008), 234.
2. Chris Delp e Jeffrey Jones, "Communicating Information to Patients: The Use of Cartoon Illustrations to Improve Comprehension of Instructions", *Academic Emergency Medicine* 3, n. 3 (2008): 264-270.
3. Deborah Nelson e Kim-Phong L. Vu, "Effects of a Mnemonic Technique on Subsequent Recall of Assigned and Self-Generated Passwords", *HCI* 8 (2009): 693-701.
4. Nanci Bell, *Visualizing and Verbalizing: For Language Comprehension and Thinking* (Nancibell Inc., 2007).

5. Sarah Blaskovich, "Success Stories-Brian Scudamore: Trash Is His Treasure", revista *Success*, http://www .successmagazine.com/Success-stories-brian-scudamore/PARAMS/article/688.
6. Stephen J. Hoch, Howard C. Kunreuther e Robert Gunther. *Wharton on Making Decisions* (Nova York: Wiley, 2004).
7. Carmine Gallo. *The Presentation Secrets of Steve Jobs: How to Be Insanely Great in Front of Any Audience* (Nova York: McGraw-Hill, 2009).
8. John Medina, Brain Rules (Seattle: Pear Press, 2008).
9. Allan Paivio, "Mental Imagery in Associative Learning and Memory", *Psychological Review* 3 (1969): 241-263.
10. John Jacob O'Neil, *Prodigal Genius: The Life of Nikola Tesla* (Albuquerque: Brotherhood of Life, 1994), 257.
11. Richard P. Feynman, *Surely You're Joking, Mr. Feynman!* (Adventures of a Curious Character) (Nova York: W. W. Norton & Company, 1997).

CAPÍTULO 3

1. T. J. Potts, "Predicting Procrastination on Academic Tasks with Self-Report Personality Measures" (dissertação de doutorado, Hofstra University). *Dissertation Abstracts International* 48 (1987): 1543.
2. J. Harriott e Joseph R. Ferrari, "Prevalence of Procrastination among Samples of Adults", *Psychological Reports* 78 (1996): 611--616.
3. Joseph R. Ferrari, Kelly L. Barnes e Piers Steel, "Life Regrets by Avoidant and Arousal Procrastinators: Why Put Off Today What You Will Regret Tomorrow?" *Journal of Individual Differences* 30, n. 3 (2009): 163-168.
4. R. Neal Axon, W. David Bradford e Brent M. Egan, "The Role of Individual Time Preferences in Health Behaviors Among Hypertensive Adults: A Pilot Study", *Journal of American Society of Hypertension* 3, n. 1 (2009): 35-41.
5. Suzanne B. Shu e Ayelet Gneezy, "Procrastination of Enjoyable Experiences", *Journal of Marketing Research*, 2010. http://www.

marketingpower.com/AboutAMA/Documents/JMRForthcoming/Procrastination Enjoyable Experiences.pdf.

6. Richard H. Thaler e Shlomo Benartzi, "Save More Tomorrow: Using Behavioral Economics to Increase Employee Saving", University of Chicago e The Anderson School at UCLA, julho 2003. http://economics.uchicago.edu/download/save-more.pdf.
7. Sheena S. Iyengar e Mark R. Lepper, "When Choice Is Demotivating: Can One Desire Too Much of a Good Thing?" *Journal of Personality and Social Psychology* 79, n. 6 (2000): 995-1006.
8. Sheena Iyengar, G. Huberman e W. Jiang, "How Much Choice Is Too Much? Contributions to 401(k) Retirement Plans", in *Pension Design and Structure: New Lessons from Behavioral Finance*, ed. O. S. Mitchell e S. Utkus (Oxford University Press, 2004), 83-95.
9. Dan Ariely e Maus Wertenbroch, "Procrastination, Deadlines, and Performance: Self-Control by Precommitment", *Psychological Science* 13, n. 3 (2002): 219-224.
10. Irwin P. Levin et al., "A Tale of Two Pizzas: Building Up from a Basic Product Versus Scaling Down from a FullyLoaded Product", *Marketing Letters* 13, n. 4 (2002): 335-344.

CAPÍTULO 4

1. Christopher Percy Collier, "The Expert on Experts", *Fast Company*, 1 novembro 2006.
2. Geoff Colvin, *Talent Is Overrated: What Really Separates World-Class Performers from Everybody Else* (Nova York: Portfolio Hardcover, October 2008).
3. Gary P. Latham e J. James Baldes, "The 'Practical Significance' of Locke's Theory of Goal Setting", *Journal of Applied Psychology* 60, n. 1 (1975): 122-124.
4. Siegfried Gauggel e Jutta Billino, "The Effects of Goal Setting on the Arithmetic Performance of Brain-Damaged Patients", *Archives of Clinical Neuropsychology* 17 (2002): 283-294.
5. John Medina, *Brain Rules* (Seattle: Pear Press, 2008), 74.

Sobre o autor

Mark Murphy é o fundador e CEO da empresa de consultoria em liderança Leadership IQ (www.leadershipiq.com). Desde sua criação, a Leadership IQ tornou-se uma fornecedora altamente qualificada de treinamento sobre definição de metas, formação em liderança, pesquisas entre os funcionários e aprendizado por meios eletrônicos. Como a força por trás de alguns dos maiores estudos sobre liderança já realizados, os cursos da Leadership IQ têm produzido resultados notáveis em organizações como Microsoft, IBM, MasterCard, Merck, MD Anderson Cancer Center, FirstEnergy, Volkswagen e Johns Hopkins. As técnicas e pesquisas de ponta sobre liderança de Murphy têm sido destaque nas revistas *Fortune*, *Forbes*, *BusinessWeek*, *U.S. News & World Report*, no jornal *Washington Post* e em centenas de outros periódicos. Ele foi destaque em uma edição especial do programa *Sunday Morning* do noticiário da cadeia de TV CBS estadunidense sobre preguiçosos no ambiente de trabalho, além de ser apresentado no programa *20/20* da cadeia de TV ABC. Teve também várias aparições no noticiário de negócios da cadeia Fox.

O livro anterior de Murphy foi o campeão de vendas internacional *Hundred Percenters: Challenge Your People to Give It Their All and They'll Give You Even More* (Pessoas cem por cento: desafie seu pessoal a dar tudo de si e receberá ainda mais, em tradução livre).

Ex-conselheiro sobre recuperação de empresas, Murphy orientou mais de cem organizações em situações financeiras precárias a alcançar níveis notáveis de prosperidade. Por esses e outros feitos, Murphy foi indicado três vezes ao prêmio Modern Healthcare nos Estados Unidos, atribuído aos estadunidenses considerados mais importantes no setor de saúde, ingressando em uma lista de trezentas celebridades, incluindo George W. Bush e Hillary Clinton. Apenas quinze consultores já haviam sido indicados para essa lista. Ele também recebeu o Prêmio Helen Yerger, da Healthcare Financial Management Association, pela Melhor Pesquisa.

Orador público experiente, Murphy tem lotado auditórios com centenas de grupos, e também lecionou na Faculdade de Economia e Administração de Harvard, na Universidade de Yale, na Universidade de Rochester e na Universidade da Flórida.

Para obter mais informações sobre o livro, com material para baixar gratuitamente da internet, incluindo questionários e guias de discussão, visite www.hardgoals.com.